दृष्टि नहीं
दृष्टिकोण चाहिए

दृष्टि नहीं दृष्टिकोण चाहिए

(एक दृष्टिबाधित IAS अफसर की संघर्ष-गाथा)

राजेश सिंह (भा.प्र.से.)

प्रकाशक • **प्रभात प्रकाशन प्रा. लि.**
4/19 आसफ अली रोड,
नई दिल्ली–110002

संस्करण • 2024
अनुवादक • श्री ए.के. रॉय
मूल्य • चार सौ रुपए
मुद्रक • जयलक्ष्मी प्रिंटिंग प्रेस, दिल्ली

DRISHTI NAHIN, DRISHTIKON CHAHIYE
by Shri Rajesh Singh, IAS ₹ 400.00
Published by Prabhat Prakashan, 4/19 Asaf Ali Road, New Delhi-2
e-mail: prabhatbooks@gmail.com ISBN 978-93-86231-42-0

उन लोगों को समर्पित
जिन्हें दृष्टि और दृष्टिकोण के
बीच का फर्क मालूम है।

मेरी बात

यह पुस्तक एक कल्पना है। यहाँ जितने पात्रों का संस्थानों के साथ वर्णन किया गया है वे या तो काल्पनिक हैं या कहानी के मकसद से कलात्मक स्वच्छंदता की मदद से बदलाव किए गए हैं। इस कृति में वर्णित घटनाएँ पूरी तरह से काल्पनिक हैं, सिवाय उनके जो स्पष्ट हैं और जिनकी ऐतिहासिक मान्यता है। घटनाओं, स्थानों या जीवित या मृत व्यक्तियों के साथ किसी भी प्रकार की साम्यता महज संयोग है और उसके पीछे कोई मंशा नहीं है। फिर भी मैंने विभिन्न वर्णनों के आकर्षण को बढ़ाने के लिए अपने ही अंदाज में पेश किया है।

मैं अपने मित्र और इस पुस्तक के संपादक समी अहमद खान का उनके धैर्य, सधी हुई टिप्पणियों तथा मार्गदर्शन और उन बेहतरीन अवलोकनों के लिए हृदय से आभारी हूँ, जिन्होंने इस कृति को अंतिम रूप दिया।

विजिलेंट पब्लिकेशंस के श्री सुजय ठाकुर का इसके अंग्रेजी प्रकाशन हेतु आभार।

मैं एनआईवीएच के निदेशक, विक्रम डालमिया और अनुराधा डालमिया का विशेष रूप से ऋणी हूँ, जिन्होंने हमेशा देहरादून में गर्मजोशी से मेजबानी की।

मनोज गोयल और साधना, संदीप सिंह और करुणा, राजीव, सिद्धार्थ डडवाल, वेद प्रकाश, आदित्य नारायण मिश्रा, निर्मल श्रीवास्तव, विवेक शर्मा और भगवान् सिंह चौधरी ने हमेशा बहुमूल्य सुझाव दिए तथा हौसला बढ़ाया।

मैं मुकेश कुमार, सुमित सिंह और प्रशांत का भी शुक्रिया अदा करना चाहूँगा।

मैं अपने परिवार का भी शुक्रगुजार हूँ, जहाँ से इस सब की शुरुआत हुई और यह सिलसिला आगे बढ़ा। संध्या सिंह, राहुल सिंह, रंजन कुमार, राकेश कुमार, दीपा सिंह, अनमोल सिंह और इन सबसे कहीं अधिक मेरी माँ देव मुनी देवी तथा पिता रविंद्र कुमार सिंह तथा नटखट नाइटेंगल, उन्नति सिंह का उनके अविचलित समर्थन के लिए धन्यवाद तथा उनका भी, जिन्होंने इस रचना के पूरा होने तक मुझ पर लगातार अपना विश्वास बनाए रखा।

इन सबसे कहीं ज्यादा, यह रचना मेरे सच्चे सहायकों आकाश सिंह राणा और उत्तम सिंह के निरंतर सहयोग के बिना कभी पूरी नहीं हो सकती थी।

अंत में यह मेरा सौभाग्य है कि मैं इस पुस्तक से होनेवाली आय का एक बड़ा हिस्सा वंचित बच्चों के उत्थान के प्रति समर्पित करूँगा।

अनुक्रम

1

मैं पूरी ताकत से चीखा

मैं अपने बाजुओं को जंगली हंस की तरह फड़फड़ा रहा था और अपने आप को गिरने से रोकने के लिए किसी भी चीज को पकड़ने के लिए उतावला था। महज एक माइक्रोसेकेंड के भीतर, एक अज्ञात शक्ति मुझे पृथ्वी के केंद्र की ओर खींचती चली जा रही थी। मैं उसका एहसास कर पा रहा था।

वह कष्टकारी दिन कभी भुलाया नहीं जा सकता। मुझे आज भी सबकुछ अच्छी तरह याद है, जिसका एक-एक पल मेरे दिमाग में किसी फिल्म की तरह घूम रहा है। सच कहूँ, वह अब तक की बनी आखिरी फिल्म थी।

एक ऐसा अँधेरा मेरे ऊपर छा गया, जिसे बता नहीं सकता और मैं डर से काँपने लगा था। किसी दुष्टात्मा जैसी मौजूदगी ने मुझे एक ठंडे गीले कंबल में लपेट लिया। सहसा मैंने अपने हाथ फैलाए। मेरी उँगलियाँ किसी गीली सतह पर रगड़ खा रही थीं। एक कुत्सित प्रहार से कुचला गया मेरा एक नाखून टूटकर निकल गया और मेरे होंठों से एक हल्की सी कराह निकल गई।

मैं औंधे मुँह बस गिरता चला जा रहा था।

अब समय धीमी गति से बढ़ रहा था। मेरी गरदन के पीछे के रोंगटे खड़े हो गए और मेरे पीछे की वह अँधेरी सुरंग शून्य तक फैली थी। निराशा की एक भावना किसी सुपर फास्ट ट्रेन की तरह मुझसे टकरा गई।

मैं अभी सोच ही रहा था कि क्या मेरा गिरना कभी रुक भी पाएगा या

फिर मेरी बरबादी इस खरगोश की माँद में गिरते हुए पूरा जीवन बिताने के रूप में लिखी है। तभी मुझे अपने फेफड़ों से हवा के तेजी से बाहर निकलने का एहसास हुआ। मैं धम्म से किसी कोमल सी चीज पर जा गिरा था।

इससे पहले कि मुझे चोट लगती, इससे पहले कि मैं भयंकर पीड़ा से और कराह सकता और इससे पहले कि मैं शैवाल से भरे, गंदे पानी के थपेड़ों के अपने चेहरे से टकराने का एहसास कर पाता; पूरी दुनिया अचानक अँधेरे में डूब गई, मानो किसी ने बत्तियाँ बुझा दी हों और फिर कोई उन्हें कभी नहीं जलाएगा।

वह पूर्ण अंधकार था।

अंधकार और पानी ने मुझे अपने आगोश में ले लिया। मेरी नाक, हाँफने के लिए खुले मुँह, मुड़े शरीर और पसीने-पसीने हो रहे रोम छिद्रों से वे मेरे अंदर समाने लगे। मेरा मन मेरे शरीर से अलग हो गया। चंद सेकेंड में मैंने उसकी प्राप्ति कर ली, जिसका अनुभव करने में संन्यासियों को कई दशक लग जाते हैं। क्या देखें या सुनें या छुएँ या स्वाद लें या सूँघें और बाहरी संवेदनाओं की अचानक होने वाली अनुभूतियों के बोझ तले, मेरे दिमाग ने वही किया, जो उसे एक अरसा पहले ही कर देना चाहिए था।

इससे कुछ पल पहले ही मेरा सिर किसी कठोर चीज से टकराया था। एक लाल, बदबूदार, गीलापन मेरे पूरे चेहरे पर फैल गया। मेरा खून बह रहा था।

शायद मौत इसी तरह आती है, मेरे अंतर्मन में किसी ने खिलखिलाते हुए कहा।

मैं डूबना नहीं चाहता था। इस हैरानी के साथ कि बीते दस सेकेंड से भी कम में मेरे साथ क्या कुछ हुआ, मैं साँस लेने की कोशिश कर रहा था।

मैं पटना की कच्ची मिट्टी और भीड़-भाड़ वाले इलाके में अपने दोस्तों के साथ क्रिकेट खेलता आ रहा था, जिसे मैं अपना घर कहता था। क्रिकेट मेरा जीवन था, मेरा पहला और इकलौता प्यार। लेकिन ऐसा कहते हैं न कि आप जिसे सबसे ज्यादा चाहते हैं, आखिर में वही आपको सबसे अधिक

दुःख पहुँचाता है। मेरे लिए भी यह बात सही साबित हुई।

मैं लॉन्ग ऑन पर फील्डिंग कर रहा था, जब बल्लेबाज ने गेंद को मारा और गेंद मेरे सिर के ऊपर से निकली तो मैं पूरी ताकत से उस सनसनाती उड़ती गेंद के पीछे भागा। यह कैच तो मुझे ही लेना था।

इससे पहले कि वह घिसी-पिटी गेंद मेरे आतुर हाथों में सुरक्षित रूप से गिर पाती, मैं गिर चुका था। मैं उस पुराने, बेकार पड़े, तख्ते से ढके गए कुएँ में गिर चुका था; जिसके बारे में कई लोग जानते तक नहीं थे। कमजोर और गीले तख्ते मेरे पैरों का बोझ नहीं सह सके। मैं अंदर गिर चुका था।

शायद जीवन में पहली बार, मैं पूरे मन से प्रार्थना कर रहा था।

कोई फायदा नहीं हुआ या शायद हुआ भी। सच कहूँ तो मैं आज तक समझ नहीं पाया। मुझे लगता है कि हम ईश्वर को बनाते हैं, ताकि अपने कष्ट और क्षणभंगुर प्रसन्नता के चंद पलों में महसूस होनेवाले परम आनंद को अर्थ दे सकें।

मैं नई दुनिया में जागा, जो एकदम निर्जन थी, फिर भी इस दुर्घटना ने मेरे अंदर एक इच्छाशक्ति और संकल्प को जगाया, जिसका अपने अंदर होने का एहसास मुझे पहले कभी नहीं हुआ था। आखिरकार जब मैं जागा, तब मेरे परिवार और दोस्तों ने मुझे वहाँ से निकाल लिया था। हालाँकि कुएँ में गिरने की इस घटना ने मुझे बदलकर रख दिया था।

अब मैं देख नहीं सकता था।

यह बीस वर्ष पहले की बात है, जब मैं देखने की क्षमता खो बैठा था। यह एक ऐसा पल था, जब मुझे जीवन में एक नया दृष्टिकोण मिला। एक ऐसा दृष्टिकोण, जिसने मुझे वह बनाया, जो आज मैं हूँ। देखने की मेरी क्षमता भले ही 20/20 न हो, लेकिन मुझ में 2020 को लेकर एक दृष्टिकोण है। मेरा नाम है—राकेश कुमार सिन्हा, आई.ए.एस.।

और यह मेरी कहानी है।

□

2

कानून अंधा हो सकता है, न्याय नहीं

वेदना से भरे मेरे चेहरे पर निराशा तैर रही थी। मैं केंद्रीय सचिवालय मेट्रो स्टेशन पर खड़ा था। मैं अपने छोटे भाई रंजन का इंतजार कर रहा था, जो नोएडा से आ रहा था। इससे पहले कि मैं यह सोच पाता कि दिनभर क्या कुछ होनेवाला है कि तभी कोई चिल्लाया—

'भइया, भइया!'

आवाज की दिशा में मैंने कानों को घुमाया।

रंजन मेरे पास आया, मुझे गले से लगाया और फिर मेरे हाथों में एक फोल्डर थमा दिया।

'भइया आप कैसे हैं?'

'मैं ठीक हूँ। माफ करना मुझसे मिलने के लिए तुम्हें ऑफिस छोड़कर निकलना पड़ा।'

'कोई बात नहीं,' कहते हुए रंजन ने मेरे कंधे पर अपना हाथ रख दिया।

मैंने फोल्डर पर अपना हाथ फिराया। मैं समझ गया कि रंजन ने संघ लोक सेवा आयोग (यू.पी.एस.सी.), व्यावसायिक प्रशिक्षण केंद्र (सी.ओ.पी.टी.) और प्रधानमंत्री कार्यालय (पी.एम.ओ.) से मिले सारे दस्तावेजों को छाँट लिया था। उसने कई अखबारों में मेरे बारे में छपे लेखों को भी काटकर रख लिया था। मैं खुशी से मुसकरा उठा, फिर एहसास हुआ कि मुझे पूरी

तरह से तैयार होकर जाना पड़ेगा। वैसे भी मैं इस शक्तिशाली देश के माननीय उच्चतम न्यायालय का दरवाजा खटखटाने जा रहा था।

भला क्यों, आप पूछ सकते हैं। बड़ी सीधी सी बात है। मैंने बहुत पहले ही आई.ए.एस. की परीक्षा पास कर ली थी, लेकिन सी.ओ.पी.टी. मुझे बतौर एक आई.ए.एस. अफसर ज्वॉइन करने नहीं दे रहा था। वे मुझे अन्य किसी केंद्रीय सिविल सेवा में भेजना चाहते थे, लेकिन मैं आई.ए.एस. ही बनना चाहता था, जिसकी वजह साफ थी। कोई भी एक निश्चित समय तक ही धैर्य रखकर इंतजार कर सकता है, खासकर जब किसी ने प्रशासनिक सेवा में एक स्थान अर्जित किया हो। मुझे जब एहसास हुआ कि लाला फीताशाही के कारण मैं कभी आई.ए.एस. बनने का सपना पूरा नहीं कर सकूँगा तो मैंने माननीय सुप्रीम कोर्ट में गुहार लगाने का फैसला किया और यह उम्मीद थी कि यह अपीलीय प्राधिकार मेरी ओर से न दखल देगा और इनसाफ दिलाने में मेरी मदद करेगा।

हम मेट्रो में सवार हुए और सफर शुरू हो गया। मैं तीन महत्त्वपूर्ण विषयों पर खड़े-खड़े विचार कर रहा था। पहला, महज किस्मत और जज के मूड पर निर्भर करता था। मुझे जज के संज्ञान में यह बात लानी होगी कि मेरी समस्या सुनवाई के काबिल है, जिसका संबंध उससे था, जिसे 'ओरल मेंशनिंग' (मौखिक उल्लेख) कहते हैं। मैं सोच रहा था कि मामला प्राथमिकता के आधार पर सुन लिया जाए। लंबे समय से मैं इस दरवाजे से उस दरवाजे तक दौड़-भाग रहा था। मन में दूसरा विचार यह था कि मैं व्यक्तिगत रूप से जीवन में पहली बार सुप्रीम कोर्ट में पेश होने जा रहा था। मुझे अपने केस की पैरवी खुद करनी थी। मुझे बिना किसी वकील की मदद के विपक्ष का सामना करना था। तीसरा तो इससे भी अधिक खतरनाक था। यह भारत के एडिशनल सॉलिसिटर जनरल, श्री जय सिंह का असाधारण व्यक्तित्व था, जो एक अनुभवी कानूनविद् थे और अपनी लड़ाई खुद लड़ने के कारण मेरे हारने का जोखिम था। भारतीय प्रशासनिक सेवा में मेरी एंट्री हमेशा के लिए बंद हो सकती थी। इससे पहले कि मैं अपने सपनों में बसी

एक आई.ए.एस. अफसर की नौकरी एक दिन के लिए भी कर पाता, वह मुझसे छिन सकती थी।

मैंने भगवान् से प्रार्थना की कि वे मेरी सुन लें, कम-से-कम आज के लिए ही सही।

हम समय पर सुप्रीम कोर्ट पहुँच गए और सारे आवश्यक दस्तावेजों की फोटोकॉपी करा ली, लेकिन इससे पहले हमें एंट्री पास के लिए सर्पाकार लाइन में खड़ा होना पड़ा। देव-तुल्य जीवों के समान बेफिक्र होकर घूम रहे वकीलों का समूह किनारे से निकला। वे बड़े सधे हुए और आत्मविश्वास से भरे थे, मुझे घबराहट का एहसास हुआ। मानो पूरी दुनिया मेरे आगे काँप रही हो, सबकुछ पतझड़ के मौसम में गिरने वाले पत्तों की तरह बिखर रहा था।

मैं जिस समय वहाँ उनकी सराहना कर रहा था या कहना चाहिए कि उस माहौल से डरा-डरा सा महसूस कर रहा था, तब मेरे भाई रंजन ने सुप्रीम कोर्ट के अधिकारियों को यह समझाने का जी-तोड़ प्रयास किया कि ओरल मेंशनिंग से अपने केस को रखने के लिए वकीलों की गैलरी के अंदर मेरा जाना अपरिहार्य है। आई.ए.एस. प्रोबेशनर ट्रेनिंग की तारीख सिर पर थी और थोड़ी सी देरी से एक साल का समय बरबाद हो जाएगा, वह भी एक बार फिर। हमने कई अधिकारियों से बात की, लेकिन किसी ने भी न तो इनकार किया, न ही हमारे अनुरोध को स्वीकार किया। बढ़ती भीड़ से बचने के लिए हम मुख्य गलियारे पर इधर-से-उधर भागते रहे।

मुकदमों की जरूरत के मुताबिक अलग-अलग कोर्ट रूम बने हैं, जिनमें विभिन्न बेंच के जज बैठते हैं। यह करीब-करीब एक मंदिर जैसा ही था, जहाँ हर कोई तर्कसंगत, निष्पक्ष और बुद्धिमानी भरे फैसले की उम्मीद कर सकता है। मैंने अधिकार की ऐसी पीठ कभी नहीं देखी थी, कभी लोगों को एक व्यक्ति से इतना डरते नहीं देखा था। यह नाटकीय था—विजय और पराजय, हानि और लाभ, जीवन और मृत्यु का लाइव परफॉरमेंस। मैं यहीं मौजूद था, क़ोर्ट मास्टर को समझाने में जुटा था कि मुझे पावन सभागारों में प्रवेश की अनुमति दे दें।

किसी तरह मैं अंदर दाखिल हुआ।

दर्शकों के सभागार की आखिरी पंक्ति में बैठते हुए मैं कोर्ट रूम में एक खाली प्रतीक की सही मिसाल बन गया। मैं कुछ देख पा रहा था, उसके मुताबिक विशाल कक्ष तीन बड़े हिस्सों में बँटा था। पहले में पोडियम था, जहाँ दो जज बैठे थे, जो सारी चीजों और सभी से ऊपर थे। दूसरा छोटा सा हिस्सा था, जो वकीलों के लिए था, जहाँ आराम से बैठने का इंतजाम था, आखिरी हिस्सा दर्शक गैलरी थी, जहाँ एंट्री-पास लेकर आए लोग जीवन-मृत्यु के पासे को देख रहे थे।

मामूली अभिवादन के बाद मैं दिल्ली यूनिवर्सिटी के एक नवोदित वकील के बगल वाली कुरसी पर बैठ गया। वह काररवाई को देख रहा था और मुझे तमाम मशहूर वकीलों के बारे में बता रहा था। पहली बहस तो अद्‌भुत थी, जिसमें एक वरिष्ठ वकील पुरजोर तरीके से कंपनी के गठन, निर्माण और स्थापना के बीच के अंतर को परिभाषित करने का आग्रह कर रहे थे। उनका बचाव किस संदर्भ में था, यह बताना तो मुश्किल है, लेकिन उस मंदिर की सिंहासन प्रतिक्रिया दिख रही थी। हर कोई उन्हें बड़े गौर से सुन रहा था। भारतीय संविधान के रक्षक वरिष्ठ वकील के आगे असहाय लग रहे थे। पोडियम से कुछ एक सवालों के बाद जजों ने बहस को अगली तारीख देकर टाल दिया।

इस दौरान मेरे साथ बैठे दिल्ली यूनिवर्सिटी के उस वकील ने सुप्रीम कोर्ट कैंपस के बाथरूम में तीन सिगरेट उड़ा डाले थे। लेकिन मैं यहाँ बैठा-बैठा अंदर से काँप रहा था और गंभीरता से सोच रहा था कि मुझे मौका कैसे मिल सकता है। अपने साथ ही बहस में खोया था और वह पूरा नजारा मेरी खराब हो चुकी आँखों के लिए किसी करिश्मे से कम नहीं था। बुद्धिमान वरिष्ठ वकील की दलील से मैं अभिभूत था, किसी तरह वकीलों की गैलरी में घुसने के लिए कड़ी मेहनत से थककर चुपचाप बैठा था, इंतजार कर रहा था और सबकुछ देख रहा था। मेरे विचारों की शृंखला अचानक टूटी, जब एक महिला ने मुझसे आकर कोर्ट रूम के बाहर चले जाने की दरख्वास्त की।

मैंने लड़खड़ाते हुए कहा—'क...क्या?'

बड़ी मुश्किल से सुनाई देने वाली, लेकिन बुजुर्गों जैसी आवाज में मुझसे कहा गया, 'अब आपको लंच के बाद एंट्री मिलेगी। कहीं मत जाइएगा, क्योंकि बहुत थोड़े समय के लिए ओरल मेंशनिंग होगी और जजों का मूड क्या होगा, यह कह नहीं सकते। आइए, मेरे चैंबर में इंतजार कर लीजिए। भरोसा रखिए मुझ पर।'

मैं खुशी से उछल पड़ा और आभार जताने वाली नजरों से उस महिला की ओर देखने लगा। मेरी खुशी को देख वह भी मुसकराने लगीं और मुझे शुभकामना दी। शायद वह वहीं खड़ी थीं, जब मैं लंच ब्रेक के बाद कोर्ट मास्टर से अपनी एंट्री की गुजारिश कर रहा था। मैंने उनके चैंबर में बैठे-बैठे अपने प्वॉइंट एक-एक कर तैयार किए और उन सभी को दिल से याद किया, जो इनसाफ की मेरी तलाश में मेरे साथ थे।

थोड़ी देर तक तैयारी के बाद, मैं रंजन के साथ कैंटीन में गया। वैसे भी हर इनसान को खाना खाना ही पड़ता है, उसे भी जिसे सीजर को सैल्यूट करना है। मैंने सोचा, तुम्हें सैल्यूट करने तक हम तो मर ही जाएँगे और फिर मेरे मन में कड़वाहट भर गई।

हमने अपना खाना खत्म किया। उसके बाद भय का एक और हमला मेरे ऊपर हुआ। बिना कुछ सोचे-समझे मुँह चलाते हुए मैं भूल गया कि मेरी दलील दी थी। मैं उस दिन भी नर्वस नहीं था, जब अपने आई.ए.एस. के इंटरव्यू के लिए यू.पी.एस.सी. के धौलपुर हाउस पहुँचा था, जो इस देश के हर इंटरव्यू की माँ और बाप के जैसा होता है।

लेकिन कहते हैं न कि एक इनसान को जो काम करना चाहिए, उसे करना ही पड़ता है। कोर्ट रूम के सामने आने के बाद मैंने यह सुनिश्चित किया कि मेरे बैठने की जगह वकीलों की गैलरी की पहली कतार में हो। वह दिल्ली यूनिवर्सिटी वाला वकील मेरे पास आया और मुझे शुभकामना देने के बाद दर्शकों की गैलरी की आखिरी कतार में चला गया। अब मुझे कुछ अच्छा लग रहा था।

पहली लाइन में अनुभवी वरिष्ठ वकीलों के बीच बैठकर मेरे हाथ-पैर जैसे ठंडे पड़ गए थे। वे मोटी-मोटी पुस्तकें खँगाल रहे थे और मैं अपने हाथ में कुछ कागज लिये बैठा था। मुझे पोडियम साफ-साफ नहीं दिख रहा था और नजर-से-नजर न मिल पाने के साथ ही जजों के हाव-भाव न देख पाने को लेकर थोड़ा परेशान था। मैं देख नहीं पाया कि कब वे अपने-अपने सिंहासन पर विराजमान हुए, लेकिन अचानक सबके खामोश हो जाने और माहौल के भारीपन ने मुझे सबकुछ बता दिया।

दो वरिष्ठ वकीलों को सिरे से खारिज कर दिया, जबकि उनके लिस्टेड केस का नंबर मेंशनिंग के लिए आ चुका था। उनकी फाइलें जजों के साथ पूरी ताकत से निकलीं और इतनी भयंकर आवाज सुनाई पड़ी, मानो कोई लाश उस कारपेट वाली फर्श पर आकर गिरी हो। मैंने तुरंत अपने आप को सँभाला। मेरी मुद्रा समान रूप से सीधी हो गई और मैं एक सूखे, काँपते पेड़ की तरह खड़ा हो गया, जो किसी भी पल गिरने को तैयार था। लेकिन मैंने अपने अंदर उमड़ रहे तूफान को बाहर आने से रोकने की पूरी कोशिश की। मेरे चारों तरफ मची अफरा-तफरी पर विराम लगा और मैंने तय कर लिया कि अभी नहीं तो कभी नहीं। खामोशी ने जब हम सभी के बीच के फासले को पाट दिया, तब मौका मिलते ही मैं कूद पड़ा।

ऊँचे आसन की वजह से मैंने अपना सिर ऊँचा उठाया और पूरे साहस के साथ कहा, 'क्या मुझे चंद सेकेंड में अपना केस प्रस्तुत करने की आजादी मिलेगी?'

यह कुछ ऐसा था जैसे भय के कारण हम हमला करनेवाले कुत्ते को भगाने के लिए बहादुरी दिखाते हैं। कुछ सेकेंड के लिए, वकीलों की पूरी गैलरी में सागर के जैसा सन्नाटा फैल गया, मेरा दिल और जोर-जोर से धड़कने लगा। गूँजती आवाज, पन्नों के पलटे जाने, पेन के चलने से पैदा होने वाली आवाज, सबकुछ शांत हो गया और तब पोडियम से आनेवाली दयालु-सौम्या आवाज ने उस सन्नाटे को तोड़ा—

'यस, प्लीज, कैरी ऑन।'

एक बार फिर वकीलों की भुनभुनाहट शुरू हो गई। अचानक मुझे अपनी अनौपचारिक कसी जींस और ढीले स्वेटर का एहसास हुआ। मैंने गला साफ किया और बोलना शुरू किया।

'मी लॉर्ड, मेरा मामला पहले ही केस संख्या 1234 को निपटाया जा चुका है। लेकिन कोर्ट के आदेश के बावजूद मुझे आई.ए.एस. में शामिल नहीं किया जा रहा है।'

माननीय जस्टिस सबीर ने मुझे रोका और कहा, 'हाँ, मुझे याद है। आपका नाम क्या है? विचाराधीन मामला क्या है? क्या आप मध्यस्थ हैं? आप चाहते क्या हैं?'

उनके शब्द रेगिस्तान में ओस की तरह थे। उनकी आवाज मुझे अपने दादाजी के जैसी लगी, जो मेरे लिए सबकुछ करने को तैयार थे। इस दयालु और खयाल रखनेवाले व्यक्ति के कारण मेरा मन उम्मीद से भर गया।

'मी लॉर्ड, सी.ओ.पी.टी. जान-बूझकर मेरे अप्वाइंटमेंट लेटर में देरी कर रहे हैं। उनके मन में नेत्रहीनों के अधिकारों के प्रति कोई सम्मान नहीं है।' मैंने अपनी साँसों की परवाह किए बिना एक ही बार में सबकुछ कह दिया।

'लेकिन आप चाहते क्या हैं?' उन्होंने पूछा।

'न्याय।'

'हूँ...'

'उन्हें निर्देश दें। मेरी मदद करें, प्लीज!'

'हम देंगे,' उन्होंने कहा, और अचानक मेरी रगों में कामयाबी का जोश दौड़ने लग गया।

जज ने अपने पास खड़े उस सहायक की मदद से अगली तारीख देखनी शुरू कर दी, जो उनकी कही हर बात को नोट कर रहा था।

दूसरे जज, जस्टिस मोहंती, जो अब तक चुप थे उनके बारे में सोचकर मैं हैरान था कि न जाने उनके मन में क्या चल रहा है। मेरी चिंता बढ़ रही थी, लेकिन उन्होंने एक वाक्य कहा, जिसने मुझे अभिभूत कर दिया। उन्होंने बस इतना कहा, 'कोर्ट रूम से इन्हें सुरक्षित ले जाने में मदद करें।'

जजों की करुणा और प्रगतिशीलता ने मुझे यह एहसास दिलाया कि क्यों सुप्रीम कोर्ट आज भी एक सर्वोत्कृष्ट संस्थान है और सदैव रहेगा, जहाँ मेरे जैसे आम लोग अपने अधिकारों से वंचित किए जाने पर फरियाद लेकर जा सकते हैं। उस दिन मुझे एहसास हुआ कि सुप्रीम कोर्ट सिर्फ बड़े और शक्तिशाली लोगों के लिए ही नहीं है, बल्कि उससे भी महत्त्वपूर्ण रूप से, मेरे जैसे सताए गए और हाशिए पर धकेले गए लोगों के लिए भी है। जिस प्रकार कोर्ट और जजों ने मेरे जैसे व्यक्ति के साथ व्यवहार किया, उससे लोकतंत्र के इस अंग के प्रति मेरा सम्मान दोगुना हो गया। मेरे जैसा मामूली आदमी वहाँ तक जा सका, इनसाफ की माँग कर सका और उसे हासिल किया।

मैंने जो आवाजें सुनीं, उनमें चिंता की गरमाहट और शुभेच्छा थी। मुझे यह देखकर गर्व हुआ कि सुप्रीम कोर्ट दिव्यांगों के प्रति कितना दोस्ताना रवैया अपनाता है। महज कुछ वकील और बेवजह की लाल फीताशाही मामलों को उलझा देते हैं।

उस बाड़े से छोड़े जाने और वहाँ से निकलने पर मैंने यह जानना चाहा कि मेरी दलीलों में कितना दम था। रंजन, जो मुझसे काफी छोटा है, वह पहले तो एक शब्द भी नहीं कह सका। उसने अपने आप को भावुक होने से रोका और बोला, 'उन्होंने आपके मामले का नोटिस तात्कालिक आधार पर लिया। हर कोई आपको देख रहा था। जो उतने वकील कहने की हिम्मत नहीं जुटा सकते थे, वह आपने कह दिया।'

ऑटो में हिचकोले खाने वाले सफर में यह सोचकर सचमुच मेरा शरीर काँप रहा था कि मैंने सुप्रीम कोर्ट में कैसे इतना साहस दिखाया। अपने अस्त-व्यस्त बालों में हाथ फेरते हुए, मैंने ऑटो ड्राइवर से जे.एन.यू. के मेरे घर तक छोड़ने की गुजारिश की।

यह जश्न मनाने का मौका था।

दिन तेजी से निकला। किसी तरह दोस्तों, मौज-मस्ती, बधाइयों, चिकन, और शराब के बीच मैंने भगवान् का शुक्रिया अदा किया और सो गया।

सुप्रीम कोर्ट के जजों से मिलकर, अचानक मुझे इस बात का एहसास

हुआ कि सच्ची ताकत के साथ अपार विनम्रता और करुणा भी आनी चाहिए। मैंने निश्चय किया कि आई.ए.एस. बनने के बाद मैं उनके नक्शेकदम पर चलूँगा। मैंने तय किया कि मैं सबसे आसानी से मिलूँगा, जरूरतमंदों की मदद करूँगा और उनके लिए बोलूँगा, जो अपनी आवाज नहीं उठा पाते। इसका श्रेय उन लोगों को जाता है, जिन्होंने मेरी मदद की। इस कारण नहीं कि मैं क्या बनूँगा या बन सकता हूँ, बल्कि इस कारण कि मैं क्या था—एक सामान्य, मध्यम वर्गीय, नेत्रहीन लड़का; जिसने जीवन भर एक ऐसी सेवा में शामिल होने के लिए प्रयत्न किया, जिसने हमेशा से उसे आकर्षित किया था। एक दिन मैं बाड़े के उस पार रहूँगा और जो कोई भी मेरे पास आएगा, उसे वह सबकुछ दूँगा, जो मेरे पास होगा। यह मेरे ऊपर उन लोगों का ऋण है, जिन्होंने मेरी मदद की।

हालाँकि यह सोचकर मैं थोड़ा असहज हो गया, मैं उसी सेवा में शामिल होने के लिए लड़ रहा था, जिसने मेरे लिए समस्याएँ खड़ी की थीं। क्या मैं केवल इस कारण अच्छा नहीं था कि मैं देख नहीं सकता था? फिर मुझे एहसास हुआ, लोगों की नकारात्मक सोच को बदलने के लिए आपको उस ढाँचे में शामिल होना पड़ेगा। मुझे एक बात साबित करनी थी कि एक अच्छा सिविल सेवक बनने के लिए दो आँखों की नहीं, दिल में धड़कनों की जरूरत है।

□

3

जीवन एक बिस्किट है

साल 1992 की वह सुनहरी सुबह थी। हमारी स्कूल बस अरसे बाद पिकनिक के लिए शोर मचाते छात्रों को लेकर बढ़ रही थी। अचानक उसे लाल बहादुर शास्त्री नेशनल एकेडमी ऑफ एडमिनिस्ट्रेशन (एल.बी.एस.एन.ए.ए.), वहीं अकादमी के सामने रुकना पड़ा। संभवत: इसका कारण शहर की पतली सड़कों पर अराजक ट्रैफिक था, लेकिन मुझे लगता है कि वह किस्मत की ही बात थी।

हमारे अंग्रेजी के टीचर, श्री जे.पी. शर्मा अपनी सीट से उठे और एक और लेक्चर देने के लिए खड़े हो गए। इस बार का लेक्चर ट्रैफिक के बीच फँसी बस के मौके पर हो रहा था। उस गेट की तरफ कुछ सेकेंड तक देखने के बाद, जहाँ से अनगिनत सपने इस उम्मीद के साथ दाखिल होते हैं कि वे भारत का भाग्य बदल देंगे, शर्मा ने यथासंभव गंभीरता को समेटते हुए कहा, '...बच्चो, यह देश की सबसे प्रतिष्ठित अकादमियों में से एक है। तुम कह सकते हो कि भारत माता ने जो कुछ सबसे असाधारण बुद्धिमान व्यक्तियों को जन्म दिया है, वे इस कैंपस में रहते हैं। वे समाज के सर्वोत्तम से भी उत्तम हैं।'

मैं नहीं जानता था कि सर्वोत्तम से उत्तम का अर्थ क्या होता है, लेकिन किशोरावस्था की अपनी समझ से मैंने अंदाजा लगाया कि इसका मतलब कुछ ऐसा है, जिसे सब चाहते हैं, क्रीम की तरह। वैसे भी उस मुहावरे में

उसके स्तरों की बात है।

शर्मा महावरों की मदद से अकादमी में रहनेवालों की तारीफ के पुल बाँधते चले जा रहे थे, जबकि अंग्रेजी के प्रति अविश्वसनीय रूप से साधारण रुझान के कारण अधिकांश बातें मेरे सिर के ऊपर से निकल रही थीं। फिर भी अपने जोश से भरे संबोधन से उन्होंने हमारे अंदर जिस भावना को भरने का प्रयत्न किया, मैं उसकी मूल बात को समझ गया। कुछ ऐसा ही सारे माता–पिता, खास कर जो सरकारी सेवा में हैं, अपने बच्चों के भले के लिए उसी समय से बार–बार दोहराते हैं, जब उनका जन्म होता है और फिर उन्हें 'पाला–पोसा' जाता है। कड़ी मेहनत करो, आई.ए.एस. बनो और देश को बदल डालो।

एक बेचैन कर देने वाली इच्छा ने मेरे दिल में हलचल मचा दी, एक इतनी शक्तिशाली इच्छा, जिसने अंदर से मुझे एक नए साँचे में ढाल दिया। इसने मेरे छोटे से शरीर को हिला दिया और मेरी अचेतन आत्मा को स्वच्छ कर दिया। मैं पूरी तरह नहीं समझ पाया था कि मेरे टीचर ने आई.ए.एस. अकादमी की प्रशंसा क्यों की, लेकिन उनकी बातें मेरे दिल में उतर गईं और हमेशा वहीं रह गईं।

बिना सोचे ही मैंने उस समय जो मेरे पास सबसे कीमती चीज थी, उसे फेंकने का फैसला किया। मैं बस की खिड़की से बाहर निकला, जहाँ तक मेरे हाथ जा सकते थे, उन्हें फैलाया और एक पारले–जी बिस्किट अकादमी की दिशा में फेंका। मैंने इस बिस्किट को बाद में खाने के लिए बचा रखा था, लेकिन न जाने क्यों मुझे लगा कि यह घटना मेरे जीवन की निर्णायक घटना होगी और मैं जो करनेवाला हूँ, वह एक बिस्किट से कहीं बड़ा होगा, भले ही पारले–जी कितना ही स्वादिष्ट और कुरकुरा क्यों न हो।

वह एक बिस्किट, जो देवताओं को मेरी चुनौती थी, टेढ़ा–मेढ़ा गोलकार रास्ता लेता हुआ एल.बी.एस.एन.ए.ए. के गेट पर जा गिरा। मैं मन–ही–मन मुसकराया और निश्चय किया कि इसे वापस लेने के लिए मैं इस अकादमी में लौटूँगा, वह भी एक आई.ए.एस. ऑफिसर ट्रेनी के रूप में।

पीछे मुड़कर देखता हूँ तो मुझे ठीक-ठीक याद नहीं कि सच में वह कहाँ गिरा था। वह गेट के पास ही गिरा होगा या गुजरने वाले किसी मोटरसाइकिल सवार के सिर पर, लेकिन दिल-ही-दिल में मैंने यह मान लिया कि वह अकादमी के अंदर गिरा होगा। यह मेरे मन की एक नाटकीय घटना बन गई। लेकिन गंभीरता से कहूँ तो अगर मैं जानता कि इस अकादमी का मतलब क्या है और वहाँ जाना कितना कठिन है तो उसकी ओर उस बिस्किट को कभी नहीं फेंकता, जबकि उसे बची-खुची पॉकेट मनी से खरीदा था।

हम देहरादून के अपने स्कूल में लौट आए। देवताओं के मंदिर के समान उस आई.ए.एस. अकादमी को देखकर प्रफुल्लित थे। हालाँकि हम जब लौटने लगे और अपने बोर्डिंग स्कूल की तरफ बढ़ने लगे तब वह उत्साह धीरे-धीरे कम होने लगा, और उसकी जगह निराश कर देनेवाली उस भावना ने ले लिया, जो उन अति दु:खी लोगों के कारण पैदा हुई, जिन्हें दुनिया ने बड़ी आसानी से भुला दिया था। अपने घरों से अलग होने के कष्ट के अलावा, हैप्पी हिल स्कूल में रहनेवाले हम सब इस डर के साथ जी रहे थे कि हमें अपने माता-पिता से फिर कभी मिलने या उनसे बात करने का मौका नहीं मिलेगा। भविष्य में छोड़ दिए जाने की यह आशंका उन दिनों स्कूल में मुझे निराशा से भर देती थी, जो तब तक दूर नहीं होती थी, जब तक कि हर गरमियों में मेरे बेहद प्यारे पापा घर ले जाने के लिए नहीं आ जाते थे।

1990 के दशक की शुरुआत में हमें फोन पर अपने माता-पिता से बात करने का शायद ही कभी मौका मिलता था। लेकिन आई.ए.एस. अकादमी के इस ट्रिप ने मुझे इतना प्रभावित किया कि मैं अपने पापा से इसके बारे में सबकुछ बताने के लिए बेचैन हो उठा। मैंने हमेशा अपनी चेतना में महत्त्वाकांक्षा की लकीरें खींचने का प्रयत्न किया था। अगली शाम मैं उस चिट्‌ठी लिखनेवाले के पास गया, जिसे नेत्रहीन छात्रों के लिए रखा गया था। वह पीले पोस्टकार्ड लेकर आता था, जिनमें से एक की कीमत 15 पैसे थी और हम उससे कहते थे कि वह हमारे लिए चिट्‌ठी लिख दे, ताकि परिवार और दोस्तों तक हम अपना संदेश पहुँचा सकें।

मैंने उस चिट्ठी में जो लिखा, उसे कभी भूल नहीं सकता हूँ—

'डियर पापा,

उम्मीद है, आप अच्छे होंगे। मैं भी ठीक ही हूँ। आप तो जानते ही होंगे कि यह एकदम अलग तरह का स्कूल है, इसलिए कोई भी इसकी तुलना सेंट माइकल, डॉन बॉस्को या ऐसे अन्य स्कूलों से नहीं कर सकता है। हर क्लास में कुछ छात्र ही हैं और पुस्तकें केवल ब्रेल में उपलब्ध हैं। यहाँ कोई भी अंग्रेजी नहीं बोलता, और छात्र हमेशा म्यूजिक या हिंदी और संस्कृत या टाइपिंग और बुनाई पर ध्यान देते हैं। यहाँ के सारे छात्र, यहाँ तक कि कुछ शिक्षक भी नेत्रहीन हैं। खाना बहुत खराब है और मुझे रात को दूध भी नहीं मिलता।

मुझे अब तक सिंगल बेड नहीं मिला है, मुझे अमर के साथ सोना पड़ता है, जो अकसर बिस्तर गीला कर देता है और मेरा बिस्तर भी खराब कर देता है। मेरे आधे कपड़े गुम हो चुके हैं और घर की बनी सारी चीजें हॉस्टल की नौकरानियाँ चट कर चुकी हैं। बाथरूम बहुत गंदे हैं और मुझे रात को टॉयलेट जाने में डर लगता है। मैं पुराने स्कूल, छपी पुस्तकों, पेन और पेंसिल, स्कूल ड्रेस और माँ के चुंबन को मिस करता हूँ जैसा कि वह सेंट माइकल से घर आने पर किया करती थी। मुझे यह सुनकर बहुत बुरा लगता है, जब उनमें से कुछ कहते हैं कि केवल वे संगीत, टाइपिंग वगैरह में अच्छा कर सकते हैं, जो देख नहीं सकते। हमारे जैसे बच्चों को उनकी इच्छा पर चलने दिया जाए तो वे ज्यादा-से-ज्यादा टीचर बन सकते हैं। क्यों पापा? मैं जो चाहता हूँ, वह क्यों नहीं बन सकता? ये लोग होते कौन हैं, जो मुझसे कहें कि मैं क्या बन सकता हूँ या क्या नहीं बन सकता हूँ?

कल हम एक पिकनिक पर गए थे और मैंने एक नई अकादमी देखी, जहाँ इस देश के अद्‌भुत बुद्धि वाले लोगों को ट्रेनिंग दी जाती है। पापा मैं उस अकादमी में जाना चाहता हूँ। हमारे अंग्रेजी टीचर ने कहा कि उसका नाम लाल बहादुर शास्त्री अकादमी है। मैं नहीं जानता कि वह कैसा होगा, लेकिन मैं वहाँ जाना चाहता हूँ। आखिर में, मैं यही कहूँगा कि इस स्कूल के बारे में केवल एक बात अच्छी है कि यहाँ मुझे अपने नेत्रहीन होने का एहसास नहीं

होता है। यहाँ खेल का बहुत बड़ा मैदान है, जहाँ चमकदार क्रिकेट बॉल हैं और मैं कितना भी खेल लूँ, कोई मना नहीं करता। जगह इतनी ही है, इसलिए मैं अपनी बात समाप्त कर रहा हूँ, प्रणाम! मुझे आपकी बहुत याद आती है पापा। आकर मुझे ले जाइए प्लीज! मुझे माँ की याद आती है!

आपका प्यारा,
राकेश।'

देहरादून (हैप्पी हिल स्कूल) से मसूरी (जहाँ आई.ए.एस. अकादमी है) तक का बत्तीस किलोमीटर का सफर आज भी मुझे उस दिन की याद दिलाता है, जब मैंने अपना पहला पोस्टकार्ड भेजा था। लेकिन इस सफर का नतीजा तब तक नहीं निकला, जब तक मैंने इस दूरी को तय करने के लिए दो दशक तक चले संघर्ष को पूरा नहीं कर लिया। अब मैं एक अलग ही व्यक्ति हूँ, लेकिन बदलाव का मेरा रास्ता आसान नहीं था। मेरा पहला संघर्ष अपने साथ ही हुआ, मुझे अपनी नेत्रहीनता को स्वीकार करने में लंबा समय लग गया। कुएँ में गिरना, जिसने मेरे देखने की क्षमता छीन ली। मुझे उससे बाहर निकलना था और मैं समझ गया था कि जब समीकरण बदल गए हैं तो मुझे भी उनके साथ बदलना होगा। अगली चुनौती और जबरदस्त थी, मुझे अपने घर से दूर रहने की आदत डालनी पड़ी, जब मैं सिर्फ छह साल का था।

फिर मुझे ब्रेल को अपनाना पड़ा। मैं हमेशा से ही ब्रेल और पढ़ने-लिखने वाले भारी उपकरणों से डरता था, जो कभी मुझे अपना मन पढ़ाई पर एकाग्र करने नहीं देते थे। मुझे अपनी माँ के पकाए खाने और उनकी मौजूदगी की भी याद आती थी। सरकारी स्कूल में दिया जानेवाला खाना बेस्वाद होता था और मैं रो पड़ता था। हम सारे छात्र नेत्रहीन थे, लेकिन असल में देख सकने वाले लोगों के बाद कोई दृष्टिकोण नहीं थी।

उस दिन गिरने के बाद सबसे घातक नतीजों में से एक वह था, जो मेरे परिवार के लिए भी एक राज है। जब मेरी रोशनी चली गई तब मैं आत्महत्या करना चाहता था। जन्म से नेत्रहीन होना कठिनाई भरा होता है, इसमें कोई

शक नहीं, लेकिन एक बार सामान्य आँखों से दुनिया को देखने की आदत पड़ जाए और फिर रोशनी को खो देना, उससे भी कहीं ज्यादा क्रूर होता है!

खैर, आगे बढ़ते हैं। अभी मैं नेत्रहीनों के स्कूल में बिताए अपने समय पर इस वक्त ज्यादा नहीं कहना चाहता हूँ। सीधे 2011 में चलते हैं—नेत्रहीनों के स्कूल से जे.एन.यू., देहरादून से नई दिल्ली और निराशा से आशा की ओर!

अतीत से वर्तमान में

मैंने गहरी साँस ली। मॉडर्न इंडिया हिस्टरी में जवाहरलाल नेहरू यूनिवर्सिटी से एम.ए. करने के बाद मैंने जब कावेरी हॉस्टल के रूम नंबर 29 को खाली किया, तब न जाने कुछ था, जो मुझे खींच रहा था। एक काला ब्रीफकेस लिये मैं धीरे-धीरे गेट की तरफ बढ़ रहा था, साथ ही आखिरी बार चारों और नजर दौड़कर देखता चल रहा था। मेरे अंदर एक ऐसी भावना पैदा हो रही थी, जो मुझे एक साथ हँसने और रोने पर मजबूर कर रही थी। मैं एक ऐसे संस्थान को छोड़कर जा रहा था, जिसने मुझे इतना कुछ दिया, इतना कुछ, शायद जीवन भर के लिए, लेकिन मुझे इस बात की भी खुशी थी कि आखिरकार मुझे वह नौकरी मिल गई थी, जिसका सपना मैंने हमेशा देखा था।

अचानक मेरे सेल फोन पर एक गाना गूँजा और मैं चौंक गया। मैं अब तक हॉस्टल के गेट को पार कर इंतजार कर रही टैक्सी तक नहीं पहुँचा था, जो मुझे मेरे नए गंतव्य की ओर ले जानेवाली थी। मैंने किसी तरह फोन उठाने और जवाब देने की इच्छा को दबाया। मैं ऐसा नहीं कर सकता। मेरे दोनों हाथों में सामान है।

मैं कैब तक पहुँचा, अपना सामान अंदर फेंका, और तुरंत फोन निकालकर जवाब दिया।

'हलो?' मैंने कहा।

दूसरी तरफ से एक आत्मविश्वास से भरे, किसी अधिकारी के जैसी आवाज सुनाई पड़ी।

'हलो। क्या मैं मिस्टर राकेश सिन्हा से बात कर रहा हूँ?'

मैं समझ नहीं पाया, फिर भी हाँ में जवाब दिया, 'हाँ, आप कौन बोल रहे हैं?'

'राकेश, मेरा नाम सुमन है। मैं डी.यू. के कालिंदी कॉलेज से बोल रही हूँ। हमें खुशी है कि हम आपको असिस्टेंट प्रोफेसर का पद दे रहे हैं, वही जिसके लिए हमने आपका कुछ समय पहले इंटरव्यू लिया था।'

'वाह। शुक्रिया!'

आवाज में खिलखिलाहट थी और मुझसे यह उम्मीद कि मैं खुशी से पागल हो जाऊँ। डी.यू. में नौकरी आसानी से नहीं मिलती। पैसे बचाने के लिए, प्रबंधन शायद ही कभी स्थायी पदों के लिए विज्ञापन देता है, इसकी बजाय वह अस्थायी रूप से बहाली करता है। इससे यूनिवर्सिटी का अतिरिक्त खर्च बच जाता है, जिन्हें कानून के मुताबिक स्थायी कर्मचारियों पर खर्च किया जाना चाहिए।

'तो आप कब ज्वॉइन करेंगे, मिस्टर सिन्हा?' आदेश के अंदाज में सवाल किया गया।

'अ···मैं समझ नहीं पा रहा कि क्या कहूँ, असल में मैं ज्वॉइन नहीं कर पाऊँगा।' मैंने कहा।

'क्या?'

'सॉरी!'

कुछ देर उलझन भरी खामोशी छा गई।

'मैं जान सकती हूँ कि क्यों नहीं? क्या एल.एस.आर. ने आप से पहले बात कर ली?' उन्होंने पूछा।

'नहीं मैम,' मैं पूरी विनम्रता से जवाब दे रहा था, 'असल में मुझे एक नई नौकरी मिल गई है।'

'कहाँ?' इस संदेह के साथ वे चीख पड़ीं कि मैं झूठ बोल रहा हूँ। सही दिमाग वाला कौन आदमी होगा, जो डी.यू. की स्थायी को न कह दे! यह शिक्षाविदों की पवित्र मृग तृष्णा है, जिसकी प्राप्ति बरसों की अस्थायी नौकरी के बाद होती है।

मैंने कहा, 'आई.ए.एस.'

मैं उनके दिमाग में फड़कती नसों को लगभग सुन पा रहा था।

'किसी कोचिंग सेंटर में? आप डी.यू. में पढ़ाने का ऑफर किसी कोचिंग सेंटर के लिए छोड़ रहे हैं?' वे लगभग चीख रही थीं।

'नहीं, नहीं,' मैंने अपना बचाव करते हुए कहा, जबकि मेरी गरिमा को चोट पहुँच चुकी थी। वे अपने सपने में भी नहीं सोच सकती थीं कि एक व्यक्ति, जो देख नहीं सकता, वह उस उत्कृष्ट सेवा में कैसे शामिल हो सकता है। मैं उन पर आरोप नहीं लगा रहा। दरअसल हमें इसी तरह तैयार किया गया है। पाँच इंद्रियों में से एक की भी कमी हुई नहीं कि हम मजाक या दया के पात्र बन जाते हैं। मुझे इनमें से कुछ भी नहीं चाहिए। मैं चाहता हूँ कि मेरे साथ ईमानदार और समान व्यवहार किया जाए। क्या यह इतना कठिन है? मैं यह सब चीख-चीखकर कहना चाहता हूँ, लेकिन नहीं कहता हूँ।

'फिर?' वे पूछती हैं।

'मेरा मतलब है, मैं अब एक आई.ए.एस. ऑफिसर ट्रेनी हूँ। मैं अपनी ट्रेनिंग के लिए दिल्ली से निकल रहा हूँ।'

उनकी खामोशी इस बार कुछ ज्यादा लंबी थी। उनके सुर बदले, शत्रुता ने आश्चर्य, सुलह, शाबाशी और बधाई देने का मिला-जुला रूप ले लिया था।

'ओह''सच में! ग्रेट! बहुत अच्छा लगा सुनकर!'

बातचीत तब तक जारी रही, जब तक कि सौहार्दपूर्ण अंत नहीं हो गया, लेकिन मेरा मन कहीं और भटक रहा था।

क्या यह एक क्रूर मजाक था! क्या उन्हें पता था कि मैं अकादमी के लिए निकल रहा हूँ और आखिरी समय में दिल्ली में मुझे रोकने के लिए मुझे नौकरी का ऑफर देकर चिढ़ाया?

संध्या, मेरी बहन जिसने मेरे लिए क्या कुछ नहीं किया, वह मेरी बगल में बैठकर हँस रही थी। मैंने कहा, 'हँसो मत, तुम नहीं जानती, मैं इसके लिए कितनी मेहनत कर रहा था। मैंने डेढ़ साल पहले अप्लाई किया था।' ऐसी दो-दो नौकरियाँ पाकर, जिन्हें मैं सच में करना चाहता था, मैं समझ नहीं पा

रहा था कि मैं हँसूँ या रोऊँ।

दिल्ली से देहरादून तक का सफर धुँधला ही रहा।

हम रात के दस बजे देहरादून पहुँचे। रास्ते में पश्चिमी उत्तर प्रदेश के हरे खेतों को देखा, जो हरित क्रांति के बाद लहलहा रहे थे। चूँकि मेरी बहन और छोटा भाई पहली बार देहरादून आए थे, इसलिए वे उस स्कूल को देखने के लिए उतावले थे, जहाँ से मैंने पढ़ाई की थी। मैं उन्हें सबकुछ दिखा पाने की हिम्मत नहीं जुटा पाया, उन्होंने सेंट जॉसेफ्स कॉन्वेंट और डॉन बॉस्को से पढ़ाई की थी और जब सुनेंगे कि मैंने नेत्रहीनों के हैप्पी हिल स्कूल में दस साल तक कितनी कठिनाइयों का सामना किया तो सचमुच उन्हें अच्छा नहीं लगेगा।

अपने स्कूल के बारे में थोड़ी सी जानकारी देने के बाद मैं किसी तरह उन्हें मसूरी ले गया, लेकिन मेरी बहन ने तब तक वहाँ की गंदगी पर सवाल खड़े कर दिए थे। मेरी दुनिया में तुम्हारा स्वागत है! स्टाफ को लगता है कि नेत्रहीन चूँकि देख नहीं सकते तो वे गंदगी और कूड़े को नहीं देख सकते। फिर सफाई की जरूरत क्या है?

मैं गुस्से में दाँत पीस रहा था।

मसूरी का मौसम मेहरबान था। हम जब अकादमी पहुँचे तब हल्की बूँदा-बाँदी ने हमारा स्वागत किया। क्या बारिश थी, देवलोक से जैसे किसी बात की याद दिलाई जा रही हो! ऐसी ही बारिश बीस साल पहले हुई थी, जब पटना से मेरे साथ एक टीचर नेत्रहीनों के हैप्पी हिल स्कूल तक आए थे। अगर मैं देख पाता तो बरसों पहले फेंके गए उस बिस्किट की तलाश करता। लेकिन अब उसकी जरूरत नहीं थी।

बिस्किट ने अपना काम कर दिया था।

मैं यहाँ आ चुका था। हेलो, आई.ए.एस. एकेडम। मैं तुम्हें देख नहीं सकता, लेकिन अपनी हड्डियों में महसूस कर सकता हूँ।

□

4

ड्रीम फैक्टरी

लाल बहादुर शास्त्री नेशनल एकेडमी ऑफ एडमिनिस्ट्रेशन (एल.बी.एस.एन.ए.ए.) अब तक की सबसे चकाचौंध करनेवाली जगह थी। मैं अब तक जिन संस्थानों में गया था, उनमें से सबसे बढ़िया था। कुछ शुरुआती अड़चनों के बाद, सबकुछ जैसे घड़ी की तरह सुचारु रूप से चलने लगा। मुझे एक हॉस्टल मिल गया, जो अकादमी के सबसे पुराने गेस्ट हाउस में से एक था और जो ब्रिटिश शासन के दौरान एक महलनुमा होटल था। मेरी बहन ने खुशी से मेरा सामान उठाया और मुझे बधाई दी कि आखिरकार मुझे सिंगल-सीटर कमरा मिल गया था।

मैं अपने पापा से कह रहा था कि कितनी आसानी से कुछ समय पहले ही मिली सूचना के बावजूद मुझे कमरा मिल गया था। स्कूल में मुझे एक कमरे में तीन छात्रों के साथ रहना पड़ता था, लेकिन यहाँ सबकुछ अलग था। इतनी जल्दी बिना झंझट समस्याओं का निपटारा देखकर मैं उत्साहित हुए बिना नहीं रह सका। एक ही कमरे में दो बिस्तर थे और उन पर सोने वालों में अकेला मैं ही था!

यह सोचते हुए कि समय कैसे बदला, मैं अपने कमरे में पहुँचा और आराम से बैठ गया। यहीं मेरी पहली मुलाकात आकाश सिंह से हुई। पूरे कोर्स के दौरान बिताए उन कभी न भुलाए जा सकने वाले महीनों के लिए वह मेरा सहायक बनने वाला था। मैं बैठा ही था कि मैंने पाया कि हल्का सा

गोल–मटोल, गोरा आदमी, जो बीस साल के आस–पास था, उसने दस्तक दी और कमरे के अंदर आ गया। उसने अपना नाम आकाश बताया और कहा कि उसका काम मेरी मदद करना है। मैंने खुश होकर सिर हिलाया। आकाश ने मेरा सामान व्यवस्थित किया और बिस्तर लगा दिया। हाँ, इससे पहले उसने मुझसे इजाजत भी ली थी। उसने मुझसे पूछा कि मैं चाय पीना चाहूँगा या नहीं और रात के खाने में क्या खाना पसंद करूँगा। मैंने अपनी पसंद बता दी और विनम्रता से बाथरूम का रास्ता पूछा। आकाश ने कहा, 'राकेश साहबजी, आपके कमरे में न सिर्फ बाथरूम है बल्कि किचन भी है, ताकि आप उसका इस्तेमाल कर सकें।' मैं उत्साहित हो गया, क्योंकि पहली बार मैं अटैच बाथरूम का इस्तेमाल करने जा रहा था और वह केवल मेरे लिए था। मेरे अंदर हैप्पी स्कूल के उस बच्चे ने छोटी–छोटी खुशियों के बारे में सोचा और उसे बड़ा गर्व हुआ। उसने कहाँ क्या रखा इसकी सारी जानकारी दी और रोजाना इस्तेमाल में आनेवाली चीजों को उन जगहों पर रखा, जहाँ मेरे लिए पहुँचना और याद रखना आसान होगा। हर दिन के इस्तेमाल के लिए मैंने उन जगहों को याद कर लिया। आकाश ने ज्यादा बातचीत नहीं की और चला गया और उसकी धीमी आवाज ने मुझे थोड़ा असहज कर दिया। उसके मुँह से बीड़ी की गंध आ रही थी और दीन–हीन होने का उसने एक अजीब सा मुखौटा लगा रखा था। मैं थोड़ा चौकन्ना भी था। जीवन में कभी किसी ने मेरी सेवा नहीं की थी। यह सकारात्मक रूप से वास्तविक लग रहा था। मैं आई.ए.एस. एकेडमी के अपने बिस्तर पर लेट गया और तय किया कि सोने की जरूरत है। जब आप अपने सपने को जी रहे होते हैं तो सपनों में क्या देखेंगे? मैंने कोई सपना नहीं देखा। मैं एक ऐसी स्थिति में आ चुका था, जहाँ सपने और दुःस्वप्न का अस्तित्व समाप्त हो गया था। दो घंटे बाद, दरवाजे पर फिर दस्तक हुई। आकाश गरमागरम कॉफी लेकर आया था और मुझसे कहा कि मैं आठ बजे डिनर के लिए तैयार हो जाऊँ। तीखे पेय की चुस्की लेते हुए, मैंने उससे कहा कि ब्लोअर चला दें, क्योंकि शाम को काफी ठंड हो गई थी। जैसा मैंने कहा, वैसा आकाश ने कर दिया और कमरे से चला गया। मैं कुछ देर तक चुप रहा और फिर मैंने कई सारी ट्रॉली के ले

जाने और अलग-अलग भाषाओं में बातें करने की आवाजें सुनीं। देखने की सीमित क्षमता के बावजूद मैं कुछ चीजों को देख सकता था और मैं दोनों बिस्तरों के बीच रखे फोन के रिसीवर से खेलने लगा। शायद आधे घंटे बाद आकाश हड़बड़ाहट में आया और मुझसे कहा कि मैं डाइनिंग हॉल में सही कपड़े पहनकर आऊँ। मैं हैरान रह गया। 'सही कपड़ों से तुम्हारा मतलब क्या है?' मेरे अंदर ड्रेसिंग की भावना न के बराबर थी। उसने पूरी विनम्रता से जवाब दिया। 'साहबजी, मुझे तो सही कपड़ों के बारे में मालूम नहीं, लेकिन सारे साहब कोट और टाई लगाकर आते हैं। डाइनिंग हॉल में जाने के अपने नियम हैं। हमारे डायरेक्टर साहब इस बात को लेकर बड़े सख्त हैं।' एक-एक कर उसने अलमारी से जरूरी चीजें निकाल लीं और मेरे काले जूते पॉलिश करने लगा। मैंने उसे रोक दिया कि मेरे ये काम मत करो। मैंने अपने जीवन में अपनी चीजों का खयाल खुद रखा था। मुझे अपने काम किसी और को करते देख बड़ा विचित्र लगा। मुझे लगा उसने मेरे देख पाने की सीमित क्षमता को लेकर भ्रम के कारण ऐसा किया। 'मत करो ये, प्लीज। मैं कर लूँगा!'

आकाश ने कहा, 'करने दो साहबजी। फू फा में रहना है, सबकुछ टीप-टॉप होना चाहिए!'

मैं उसका जोश देखकर हँसने लगा और उसे उसका काम करने दिया।

कमरे से जाने से पहले आकाश ने मुझे सलाह दी कि मैं दाढ़ी बना लूँ, क्योंकि यह एकेडमी की परंपरा है। मुझे इस सलाह की जरूरत थी, क्योंकि जे.एन.यू. के छात्र जीवन ने मुझे सिखाया था कि दाढ़ी हमेशा बुरी नहीं होती। जाते-जाते वह दरवाजे पर एक बार फिर रुका और बोला, 'साहबजी, मैंने गीजर पहले ही ऑन कर दिया था और दाढ़ी बनाने के लिए ठंडे पानी की जगह आप गरम पानी जरूर इस्तेमाल करें।'

इस तरह के औपचारिक कपड़ों में मैं कोई पहली बार खाना खाने नहीं जा रहा था, लेकिन यहाँ मैं थोड़ा नर्वस था; क्योंकि मैं जानता था कि नजरें मेरे ऊपर रहेंगी। यही नहीं, मुझे पता नहीं था कि मैं काँटा-छुरी का इस्तेमाल कैसे कर पाऊँगा। पटनहिया होने के कारण मैं चावल को हाथ से खाना ही पसंद करता था।

अपने आप को लेकर थोड़ा असमंजस के साथ, टाई की गाँठ सही से बनाने में संघर्ष के बाद मैं तैयार हुआ और डाइनिंग हॉल की तरफ बढ़ गया।

डाइनिंग हॉल में पहुँचते ही मैं हद से ज्यादा सजग हो गया। सितारों की मौजूदगी वाली उस घटना ने मुझे डरा दिया। शुक्र था कि जे.एन.यू. के कुछ परिचितों ने मुझे थोड़ा सुकून दिलाया। जे.एन.यू. वालों की एक बात है कि हम जब कैंपस से बाहर एक-दूसरे से मिलते हैं तब हम एक बड़े खुशहाल परिवार की तरह मिलते हैं। पेरियार हॉस्टल के अमीष वर्मा, गोदावरी हॉस्टल की सुचि किशोर और कावेरी के कुमार सौरव से बड़ा सहारा मिला। आई.आई.टी., आई.आई.ए. और आई.वी. लीग वाली यूनिवर्सिटी के टैग वाले लोगों से मिलकर मैं काफी नर्वस था। हर बार हाथ मिलाने के बाद झुक जाता था। उनके हाथ मजबूत और आत्मविश्वास से भरे थे, मेरे नम और ढुलमुल। सच कहूँ तो अंदर तक मैं डरा हुआ था। भला कैसे एक आदमी, जो देख तक नहीं सकता, वह इन तेज-तर्रार लोगों के साथ चल पाएगा? क्या वे सब अकड़ू और जिद्दी होंगे? न जाने मेरे बारे में क्या सोच रहे होंगे? मैं जानता था कि मुझे उनके लिए एक मिसाल कायम करनी होगी, ताकि वे मेरी नेत्रहीनता को एक विकलांगता न समझें।

मैं इस बारे में विचार करता रहा कि ऐसे प्रभावशाली लोगों के बीच मेरे जैसे व्यक्ति को कैसा लगता होगा। इस प्रकार एकेडमी में मेरे पहले डिनर की शुरुआत हुई। मैंने लोगों को कहते सुना कि कैसे सफलता मिलने के बाद अखबार वाले उनके पीछे पड़ गए थे। एक दिन वे सामान्य नागरिक थे, शांति और गुमनामी की जिंदगी जी रहे थे और कैसे यू.पी.एस.सी. के रिजल्ट के प्रकाशित होते ही वे रातोरात सेलिब्रिटी बन गए। मुझे लग रहा था कि वे एक-दूसरे की तरफ देख रहे थे और अपनी नजरों से रैंक गढ़ने की कोशिश में जुटे थे, जैसा कि सिविल सेवा परीक्षा के सफल उम्मीदवारों की लिस्ट में दिखाया गया था। अंदर-ही-अंदर, शायद मैं भी यही कर रहा था, लेकिन मैंने अपने आप को रोक लिया। मैं किसी रैंक या नंबर के तौर पर अपनी पहचान नहीं बनाना चाहता था। मैं अजीब तरीके से कुलबुलाने लगा।

मैं अनजान लोगों के बीच खामोश रहा, लेकिन उनमें से कई के लिए

ऐसा नहीं था, क्योंकि सोशल नेटवर्किंग साइट्स के जरिए वे पहले से ही दोस्ती गाँठ चुके थे। जे.एन.यू. के मेरे एक मित्र—कुमार सौरव, जिन्होंने भारतीय विदेश सेवा (आई.एफ.एस.) को चुना था, तेजी से गरमागरम चिकन बिरयानी के दो प्लेट लिए मेरी तरफ बढ़े। मैंने धीरे से थैंक्स कहा और उसके साथ खाना शुरू कर दिया।

मैं अपने आस-पास के लोगों से बातें करने लगा। मैंने किसी तरह भाँप लिया कि भारतीय प्रशासनिक सेवा के ऑफिसर-ट्रेनी उस क्रीम की सबसे ऊपरी परत होने के गुमान को छिपाने का भरसक प्रयास कर रहे थे। फिर भी उनकी यह भावना शब्दों के चयन को बार-बार प्रभावित कर रही थी, कभी जान-बूझकर और कभी एक बहाने के तौर पर। दिलचस्प रूप से वहाँ ऐसे भी अफसर थे, जिन्होंने भारतीय विदेश सेवा और भारतीय पुलिस सेवा का चयन किया था, जबकि वे भारतीय प्रशासनिक सेवा को चुन सकते थे। आई.ए.एस. के ट्रेनी यह समझते थे कि ऐसी देवियाँ और ऐसे सज्जन अब आई.ए.एस. की बस मिस कर जाने के अफसोस को छिपा रहे हैं। इस प्रकार सेवाओं के बीच के उस प्रतिद्वंद्विता के पहले बीज बोए गए, जो जीवन भर बनी रहेगी। मैंने मन-ही-मन इस पर विचार किया और मुसकरा दिया कि कैसे जब हमें भिन्नताओं के बीच समानता की तलाश करनी चाहिए, तब हम पर समानताओं के बीच भिन्नता खोजने का जुनून सवार रहता है।

मैंने अपना डिनर फटाफट खत्म किया, ताकि इस पागल बनाने वाली, उकसाने वाली भीड़ से दूर जा सकूँ और आकाश से आग्रह किया कि वह मुझे रूम तक ले चले। सीढ़ियाँ चढ़ते समय, मेरे कानों ने अनेक नई आवाजें, अलग-अलग लहजे सुने और मेरा दिमाग उन्हें खँगालने लगा। वे जीवंत, सशक्त और प्रभावशाली के साथ ही प्रभाव जमाने वाले थे कि हर परिचय ने मेरे दिमाग में अपना ही एक स्थान और पहचान बना दी। कमरे की तरफ मैं धीमे कदमों से बढ़ रहा था। मैं अब भी सोच रहा था कि क्या मैं किसी अलग तरह के जंगल में हूँ, जहाँ हर जीव एक दूसरे से एकदम अलग था? मैंने खुद से कहा कि नई दुनिया में स्वागत है।

आखिरकार अपने कमरे में पहुँचा तो मैंने अपनी किस्मत को धन्यवाद

दिया। एक दिन में इतनी उत्तेजना मेरे लिए काफी थी। मेरे अंदर का अंतर्मुखी व्यक्ति इतने शानदार लोगों का सामने करने के बाद अब तक नर्वस था। मुझे इस बात का एहसास ही नहीं था कि मेरे आस-पास मौजूद लोग वैसे ही थे जैसा मैं था और एकेडमी की इस भट्ठी में मैं जिनसे दोस्ती करूँगा, वह दोस्ती सदा बनी रहेगी।

मेरा कमरा अब तक गरम हो चुका था। ब्लोअर तेजी से चल रहा था। मैं शायद बीस सीढ़ियाँ चढ़कर कमरा नंबर 506 में दाखिल हुआ और धम्म से अपने बिस्तर पर जाकर गिर गया।

दिन जब समाप्ति की ओर बढ़ा तब कुछ ही देर में पूरी एकेडमी समाधिस्थ हो गई। अपने बिस्तर पर लेटे-लेटे मैं सन्नाटे से बातें करता रहा और सफेद दीवार पर टँगी घड़ी की टिक-टिक और अच्छी तरह सुनाई देने लगी। मैंने टी.वी. ऑन कर दिया और अपने मन से उन बातों को निकालने के लिए बिना सोचे-समझे चैनल बदलने लगा कि सब कितनी अच्छी तरह तैयार होकर आए थे और डाइनिंग हॉल में सब कितना अच्छा व्यवहार कर रहे थे। वे कितने शिष्ट थे। क्या मैंने मूर्खों जैसी कोई हरकत की थी? क्या मैं एकेडमी में मजाक का विषय बन जाऊँगा, एक छोटे शहर का नेत्रहीन लड़का, जो अमेरिकी लहजे में अंग्रेजी नहीं बोल सकता है?

मैं गहरी नींद में सो गया।

अगली सुबह, जो वहाँ की पहली सुबह थी, मेरे मन में आज भी ताजा है। नाश्ता खत्म होते ही हर कोई पहले से तय जगहों पर कागजी काररवाई पूरी करने के लिए भागा। तभी मेरे मन में एक बात कौंध गई। अब मैं फॉर्म्स और लाल फीताशाही को नहीं कोस सकता था। अब लाल फीताशाही मेरी रगों का खून, मेरा डी.एन.ए. बनने वाली थी, मैंने अपने आप से उदास मन से कहा।

लोग अलग-अलग ग्रुप में आए, अलग-अलग टेबल पर बैठे, और औपचारिकताओं को पूरा करने में एक-दूसरे की मदद की। दिलचस्प रूप से ये ग्रुप क्षेत्र, भाषा, सेवा, कोचिंग इंस्टीट्यूट और कुछ मामलों में रैंक के आधार पर बँटे हुए थे। हम जब असुरक्षित महसूस करते हैं तब झुंड की मानसिकता हम पर हावी हो जाती है और हम सबसे करीबी झुंड की तलाश

करते हैं, संख्या हमें शक्ति, संतुष्टि और खुशी देती है।

फैकल्टी के प्रतिभावान सदस्यों के शुरुआती लेक्चर के साथ अगले दिन से क्लास शुरू हुए। बैठने की व्यवस्था रोल नंबर के अनुसार की गई थी और मुझे आगे की पंक्ति में सीट मिली थी। अपनी पहली क्लास में प्रवेश करते ही मैं अवाक् रह गया। अपने जीवन में मैंने कभी ऐसा क्लासरूम नहीं देखा था। यह ऐसा था, मानो मैं किसी मूवी थिएटर में बैठा था। यहाँ एक बहुत बड़ा प्रोजेक्टर था, चमकदार बोर्ड, मल्टी-मीडिया उपकरण और न जाने क्या-क्या थे। सवाल माइक्रोफोन की मदद से पूछे जाने थे। फैकल्टी के कुछ सदस्य पहले से ही मेरा नाम जानते थे और अर्थशास्त्र के विषय में अजीब से सवालों से मुझे हँसा दिया करते थे। मैं समझ सकता था कि वे मेरी घबराहट को दूर करना चाहते थे और उनके ध्यान और देखभाल के लिए मैं उनका आभारी था।

ट्रेनिंग शुरू हुई—थकाने वाली, गहन और सीखने के नए अनुभवों से भरपूर। कार्यक्रम इस प्रकार था—क्लास, क्लास, पी.टी., फिर क्लास, कुछ अन्य चीजें, और फिर से क्लास। इन कक्षाओं में धरती की सारी बातें और सूरज से परे की बातें भी शामिल हुआ करती थीं। जल्दी ही पूरी दुनिया एक लंबी सी क्लास बन गई, जो कभी समाप्त होती नहीं दिखती थी। मैं तो नींद में भी क्लास अटेंड करने लगा!

व्यस्त कार्यक्रम और क्लास से जुड़ी कुछ घटनाएँ आज भी मेरे दिमाग में ताजा हैं। जैसे मुझसे जो प्रश्न पूछे गए, कैसे मैं किसी घटना से निपटूँगा।

श्री सोम सिंह ने मुझसे एक प्रश्न पूछा था, 'राकेश, अगर लालू प्रसाद यादव आप से कुछ करने को कहेंगे तो आप क्या करेंगे?'

कुछ देर तक सोचने के बाद मैंने कहा, 'सर, अगर वे कहेंगे तो मैं कर दूँगा।' सब हँसने लगे। बात में दम था। हम सब सिविल सेवक थे और नेता लोगों की इच्छा का प्रतिनिधित्व करते हैं। किसी नेता का फैसला भारत के लोगों का फैसला होता है। इस कारण एक नेता जब आप से कुछ करने को कहता है तो आप कर देते हैं, जब तक कि यह भारतीय संविधान और देश के कानून के सिद्धांतों का उल्लंघन न करता हो।

दिन-ब-दिन चीजें मेरे लिए पहले से आसान होने लगीं और मेरी बाधा

को लेकर अधिकांश प्रशिक्षु काफी संवेदनशील थे। मैं इसकी सराहना करता हूँ। न केवल वे देश के सबसे उम्दा दिमाग रखनेवाले थे बल्कि उनमें से कुछ सबसे अच्छे दिल वाले भी थे।

एकेडमी के इस जीवन का मेरे लिए एक आकर्षक स्थान जिम्नेजियम था। लाखों रुपए के उपकरण वहाँ उपलब्ध थे। मैंने इतना शानदार जिम अपने जीवन में इससे पहले केवल एक बार देखा था, वह भी पाकिस्तान के गद्दाफी क्रिकेट एकेडमी में, जहाँ मैं शोएब अख्तर और अब्दुल रज्जाक से मिला था। शारीरिक प्रशिक्षण संभवत: हमारे प्रशिक्षण के समय का सबसे थकाने वाला हिस्सा था, कम-से-कम मेरे लिए तो था ही। सुबह के करीब सात बजे, सारे प्रोबेशनर पोलो ग्राउंड से ऐसे निकलते थे मानो किसी मिशन पर जानेवाली सेना निकली हो। कुछ मिनट बाद वे सब थककर बुरी तरह चूर हो जाते थे और पसीने से तर-ब-तर होकर इस थकाऊ ड्रिल के सिस्टम को कोस रहे होते थे। शुरुआत में कोई भी व्यायाम के इतने सख्त तरीके से खुश नहीं था। लेकिन कुछ दिनों बाद हम में से कुछ को यह अच्छा लगने लगा, जबकि हम में से ज्यादातर को अंत तक भी यह रास नहीं आया। भारतीय पुलिस सेवा के प्रोबेशनरों को अकसर ड्रिल के खिलाफ शिकायत करते देखा जाता था, जबकि वे अच्छी तरह जानते थे कि एस.वी.पी., नेशनल पुलिस एकेडमी, हैदराबाद में जहाँ इस एकेडमी से वे जाएँगे, इससे भी सख्त ड्रिल की रुटीन उनका इंतजार कर रही है। भारतीय विदेश सेवा के ट्रेनी इसके बाद दिल्ली में जे.एन.यू. के ठीक उस पार, विदेश सेवा संस्थान में जानेवाले थे। वे इन कष्टदायी चीजों का मजाक उड़ाया करते थे। मैं मजाक में ही अपने आई.एफ.एस. दोस्तों से कहा करता था कि चूँकि कूटनीति और कुछ नहीं बल्कि शांतिपूर्ण साधनों से किया जानेवाला युद्ध है, इसलिए उन्हें नियमित पी.टी. और ड्रिल को पसंद करना शुरू कर देना चाहिए!

उस दिनचर्या का हम प्रोबेशनरों पर असर दिखने लगा। हम अब शारीरिक और भावनात्मक रूप से मजबूत हो रहे थे। कठोर शारीरिक व्यायाम, समय-समय पर होनेवाली ट्रेकिंग, पोषक आहार और सजा के तौर पर कष्ट दिए जाने से हमारी आत्मा और शरीर किसी भी चुनौती का मुकाबला करने के

लिए तैयार हो गए। हमारी क्लास के मुताबिक जीवन ज्ञानशील और संपूर्णानंद के बीच कसा जा रहा था। मैंने न केवल इन कक्षाओं का आनंद उठाया बल्कि उनसे काफी कुछ सीखा भी, लेकिन मेरे अंदर पल रहे खाने के शौक को ब्रेक की भी तलाश रहती थी, ताकि मैं डाइनिंग हॉल में अलग-अलग तरह के व्यंजन का लुत्फ ले सकूँ।

एकेडमी से मुझे केवल भोजन और विद्वत्ता का ही लाभ नहीं मिला। मैंने वहाँ उन लोगों से भी काफी कुछ सीखा, जिनसे जान-पहचान हुई और हम दोस्त बने। भारतीय प्रौद्योगिकी संस्थान (आई.आई.टी.) के चंदन कुमार मेरे सबसे करीबी दोस्तों में से एक बन गए। मैं आज तक नहीं समझ पाया कि कुमार में दिव्यांगों को लेकर इतनी गहरी समझ कैसे विकसित हुई थी। एक बार उसने कहा कि अक्षमता को विविधता के रूप में देखा जाना चाहिए, जो और कुछ नहीं बल्कि अन्य लोगों के लिए इस प्रकार के लोगों से कई तरह की चीजें सीखने का एक सुनहरा मौका है। मैंने इस सोच की प्रशंसा की। अपने संस्थापकों की तरह ही हमें विविधता को चिंता के कारण के रूप में नहीं बल्कि अपने महान् देश की बुनियाद के रूप में देखना चाहिए, फिर चाहे वह जातीय हो, भाषाई या धार्मिक विविधता। हम आज जो कुछ हैं, उसे हमारी विविधता ने बनाया है। इसने हमें सशक्त बनाया है। इसने हमें यह स्वीकार करना सिखाया कि अन्य लोग स्त्री या पुरुष क्या हैं और उनके मतों का हम सम्मान करें, भले ही हम उन्हें नहीं समझते या उनसे सहमत नहीं होते हैं। इस कारण निर्बलता को विविधता के रूप में देखा जाए तो इससे दो मकसद पूरे होंगे। एक, इससे अक्षमता को स्वीकारा और सराहा जाएगा और उसे प्रगतिशील तथा सामान्य दायरे में लाया जा सकेगा। दो, यह अक्षम लोगों के अधिकार को आगे बढ़ाएगा और उन्हें अलग व्यक्ति के रूप में पहचान दिलाएगा, जिनका सम्मान किया जाना चाहिए। वे अलग हैं, लेकिन समान हैं।

एक-एक कर हमारा ग्रुप बड़ा होने लगा। जैसा कि हर ग्रुप के साथ होता है, हर नए संबंध के साथ एक नई कहानी और जीवन का एक नया नजरिया सामने आता है। तभी मुझे यह एहसास हुआ कि आई.ए.एस. की परीक्षा तो कुछ भी नहीं थी, जब उसकी तुलना एक और बेहद कठिन परीक्षा

से की जाए, प्रेम की परीक्षा।

हम में से कुछ पहले से शादीशुदा थे। कुछ की सगाई एकेडमी में आने से कुछ हफ्ते पहले ही हुई थी। शायद उनके ससुराल वालों ने सोचा कि ट्रेनिंग के बाद कहीं चकमा न दे जाएँ! मैं अकसर कुछ पुरुष अफसर प्रशिक्षुओं से मजाक करता था कि परीक्षा पास करने से पहले जिन लोगों ने शादी कर ली वे ठगा सा महसूस करते होंगे, क्योंकि अब उन्हें और अधिक सुंदर महिला का साथ मिल सकता था! लेकिन सबसे गरमागरम मुद्दा संबंधों का और उसके विफल होने की प्रक्रिया का रहता था। हम अकसर किसी व्यक्ति के व्यवहार, पुरुषवादी मानसिकता और नौकरी में असमानता के कारण पैदा होनेवाली हीन भावना पर चर्चा करते थे!

दहेज की घटनाओं को लेकर भी दबे स्वर में तब भी चर्चा होती थी और आज भी होती है। सच कहूँ तो किसी ने यहाँ तक डींग हाँकी कि आजादी के बाद किसी आई.ए.एस. अफसर को मिला सबसे बड़ा दहेज पाँच सौ करोड़ का था! जब इस विषय पर बातें होती थीं तो मैं परेशान हो जाता था। मैं देश की सेवा के लिए आई.ए.एस. बना था, न कि कोई पशु था, जिसे सबसे ज्यादा बोली लगाने वाले को बेच दिया जाए, जो अपनी बेटी को किसी आई.ए.एस. के साथ ब्याह कर उसका भविष्य सुरक्षित करना चाहता है। हम में से कई लोग जो सोचते थे और जैसा व्यवहार करते थे, उसमें एक बहुत बड़ी गड़बड़ी थी। मैं इतनी ही उम्मीद कर सकता हूँ कि शिक्षा ऐसे लोगों को बुद्धि दे। दहेज एक सामाजिक बुराई है, जिसका सभ्य समाज में कोई स्थान नहीं है। इस समस्या से निपटने के लिए, एकेडमी ने एक पूरी क्लास ली, लेकिन प्रोबेशनरों ने उसके ज्यादातर सबक को हँसी में उड़ा दिया।

जिंदगी चलती रही, दिन निकलते गए और वही सख्त रुटीन जारी रहा। एक दिन आकाश ने मुझसे कहा कि मैं लंच और डिनर कमरे में ही कर लूँ। मैं उसकी मंशा को समझ नहीं पाया। 'क्यों?' मैंने उत्सुकतावश पूछा। मुझे डाइनिंग हॉल में जाना अच्छा लगता था।

'साहबजी,' उसने डरते-डरते कहा, 'मुझे इतने पैसे नहीं मिलते कि मामूली वेतन से दो वक्त की रोटी जुटा सकूँ। अगर आप अपने कमरे में खाना

खाएँगे तो मैं भी उसमें से खा लूँगा।'

पहले तो मैं इस बात को हँसी में उड़ा देना चाहता था। मुझे गरमागरम खाना खाना पसंद था और डाइनिंग हॉल में लोगों से बातचीत की एक आदत सी बन गई थी। इससे पहले कि मैं उसे डाँटता, मेरे अंदर एक हलचल सी मच गई। यह सहानुभूति नहीं बल्कि समानुभूति थी। मुझे अपने स्कूल के दिन याद आ गए, जब अकसर मैं बहुत भूखा रहता था, लेकिन जेब में एक पैकेट बिस्किट खरीदने तक के पैसे नहीं होते थे। फिर मुझे एहसास हुआ कि किसी की मदद करने का मेरे पास यह पहला मौका आया था। आई.ए.एस. बनने के बाद पहली बार मैं किसी के गुजारे में उसकी मदद कर सकता था। मैंने खुश होते हुए, 'हाँ' कह दिया और मेरे अंदर गरमाहट की एक रोशनी फैल गई। मैं चाहता हूँ कि इस देश का हर आकाश खाए और पेट भरकर खाए। मुझे परवाह नहीं कि मेरी प्लेट में जो कुछ है, उसका एक हिस्सा उसकी प्लेट में चला जाए। एक राष्ट्र और एक देशवासी के रूप में हम एक-दूसरे का खयाल रखते हैं, साथ पलते-बढ़ते हैं। दो भारत नहीं हो सकते, एक अमीर और शक्तिशाली लोगों का और दूसरा दबे-कुचले गरीबों का। एक सिविल सेवक के रूप में मुझे सामाजिक समानता और न्याय के लिए कुछ-न-कुछ अवश्य करना चाहिए।

उस दिन से ही हमने जब भी मौका मिला साथ ही खाना खाया। असम के गृह सचिव, श्री त्रिपाठी की ओर से फॉर्चून होटल में आयोजित डिनर से लेकर चमोली, गढ़वाल के जिला मजिस्ट्रेट, श्री सिन्हा के घर पर डिनर तक मैंने यह सुनिश्चित किया कि मैं जब खाऊँ, जो खाऊँ, वही आकाश भी खाए।

लेकिन भोजन की समस्या अभी हल नहीं हुई थी। वैसे भी हम जो कुछ करते हैं, भोजन के लिए ही करते हैं। एक दिन आकाश ने मुझसे यूँ ही पूछ लिया, 'साहबजी, मेस में काफी खाना बरबाद होता है। आप उनसे ऐसा क्यों नहीं कहते कि बचा खाना दिहाड़ी मजदूरों को दे दें?'

मुझे लगा कि यह बहुत अच्छा उपाय है। जब भूखे लोग हैं तो फिर खाना डस्टबिन में क्यों फेंका जाए? यह संसाधनों की भारी बरबादी थी, जिस पर मुझे काफी आपत्ति थी। मैंने आकाश को भरोसा दिया कि मुझसे जो बन पड़ेगा, करूँगा और मेस के सुपरवाइजर से बात करने का फैसला किया।

लेकिन मुझे हैरानी हुई कि जब मैंने ऐसे इंतजाम को लेकर काम करना शुरू किया तो सबसे बड़ा विरोध मेस में काम करनेवालों ने किया, जो बचे हुए खाने का मजा खुद लिया करते थे। वे अपना हिस्सा किसी को देने के लिए तैयार नहीं थे। मैं समझ नहीं पाया कि किससे क्या कहूँ। वैसे भी मेरा मित्र और सहायक मेरे साथ खाना खाकर खुश था, लेकिन मैं यह सोचने पर मजबूर हो गया कि न केवल अमीर लोग धन इकट्ठा करने पर यकीन रखते हैं बल्कि गरीब भी ऐसा ही सोचते हैं और अकसर साथी कामगारों की कीमत पर। जल्दी ही मुझे यह एहसास हो गया कि अपने-अपने हितों की होड़ में जुटे लोगों के बीच समझौता कराना कितना कठिन होता है। चीजें शायद ही कभी सही और गलत के रूप में होती हैं बल्कि उनका एक संदिग्ध रूप भी होता है। यह सबक मुझे हमेशा याद रहा।

मैं एकेडमी में संतुष्ट था। शारीरिक रूप से थका हुआ, हाँ, लेकिन बौद्धिक रूप से उत्तेजित। एकेडमी में अब तक जिसने मुझे सबसे अधिक प्रभावित किया था, वे थे—श्री बिनोद राय, जो तब भारत के नियंत्रक और महालेखा परीक्षक थे। उन्होंने ही हमें शपथ दिलाई थी और ईमानदारी तथा शुचिता पर एक बेहद सरल, लेकिन दिल को पूरी तरह से छू लेने वाला संबोधन किया था। 'इन दिनों निर्णय लेना बेहद कठिन हो गया है, क्योंकि लोगों पर हमारी विश्वसनीयता और ईमानदारी पर भरोसा नहीं है। हमें अपनी इस सेवा की गरिमा को बनाए रखना है। आप सब सरकार में अत्यंत महत्त्वपूर्ण पदों पर बैठने वाले हैं और आम लोगों के जीवन में बदलाव और खुशी आसानी से ला सकते हैं। यह सच है कि आप सब इस देश के सबसे प्रतिभाशाली सोच वाले हैं, लेकिन हमें वैश्विक प्रतिस्पर्धा के माहौल में जीना है, इस कारण आपको अपने आप में सुधार लाते रहना होगा।'

पूर्व सी.ए.जी. ने जो कहा था, मैं उससे पूरी तरह सहमत था। लेकिन मैंने यह भी समझा था कि आम आदमी या जनता के जीवन में खुशी और परिवर्तन लाना कितना कठिन था। मैं यह सोचकर खुश था कि अगर मैं अपने सहायक के जीवन में बदलाव ला सका तो मैंने कुछ अच्छा कर लिया। लेकिन वह लाखों में बस एक है। मैं उन सबके पास कैसे पहुँच सकता हूँ? यही

नहीं, मैंने आकाश के लिए खाने का इंतजाम कर दिया था, लेकिन अब भी उसके साथ कई समस्याएँ थीं, जिनमें से एक थी, सोने की उपयुक्त जगह। हर दिन उसे सुबह साढ़े चार बने इंद्रा कॉलोनी से आने पड़ता था, जो काफी दूर था। यही नहीं, वह इतने पैसे भी नहीं बचा पाता था कि घर भेज सके। इन समस्याओं ने मुझे अपने स्कूल के दिनों की याद दिला दी। मुझे लगा कि मैं सिसिफस की तरह हूँ, फिर सोचा कि मुझे हार नहीं माननी चाहिए। वैसे भी बूँद-बूँद से ही सागर बनता है। अगर मैं अपने स्तर पर भी अपने आस-पास के लोगों की मदद करता रहूँगा तो कम-से-कम कुछ जिंदगियों में सुधार ला सकता हूँ।

साथ ही मुझे अन्य ऑफिसर ट्रेनियों पर भी भरोसा है। मुझे यकीन है कि वे इस दिशा में सोचने और अपने आस-पास के लोगों की मदद करने को लेकर मुझसे कई कदम आगे हैं। वैसे भी हम सब सिस्टम का हिस्सा हैं। अगर सिस्टम को बदलना है तो पहले हमें बदलना होगा। मैंने आज तक कभी किसी को देश के गरीबों की सेवा के लिए इतने जोश में नहीं देखा, जितना उन सिविल-सेवकों को देखा, जिनसे मैं मिला हूँ। मिसाल के तौर पर, उनमें से कई बारह से पंद्रह घंटे तक काम करते हैं, सिर्फ यह सुनिश्चित करने के लिए कि सारी चीजें सुचारु रूप से चलें।

फिर भी अनुभव के बिना ज्ञान व्यर्थ होता है। शिक्षा आपको समस्या का ज्ञान कभी नहीं करा सकती, जब तक कि आप स्वयं उसका अनुभव न कर लें। मैं खुशकिस्मत (शायद बदकिस्मत) था कि एक बच्चे के रूप में इन समस्याओं का सामना किया और उन्हें भावनात्मक रूप से समझा। मुझ में सिर्फ एक कारण से कमजोर, दबे-कुचले, गरीब और सताए गए लोगों के कष्ट के प्रति समानुभूति थी। मैं उनमें से एक था, हूँ और हमेशा रहूँगा।

एक बार मैंने आकाश को पैसे दिए कि वह अपने लिए कुछ नए कपड़े खरीद ले। मैंने उससे सूट बनवाने को कहा, क्योंकि मैं जानता था कि उसे फॉर्मल पोशाक पसंद है। आकाश ने हाथ जोड़कर इनकार कर दिया। उसके इनकार से मैं हैरान रह गया।

'साहबजी, ऐसे कपड़े हमारे कैटेगरी के लोगों के लिए नहीं हैं।'

'कैटेगरी? कैसी कैटेगरी?'

'मैं गरीब आदमी हूँ, साहब। सूट-वूट का मैं क्या करूँगा? लोग मुझ पर हँसेंगे।'

'मैं यह सोचकर बेहद भावुक हो गया कि जिस युग में हम पैसे की पूजा करते हैं, यहाँ तक कि कपड़ों की भी जात, वर्ग और धर्म हो गया है। पता नहीं क्यों मुझे लगा जैसे उसकी गरीबी के लिए मैं ही जिम्मेदार हूँ। मैंने उसे समझाने की भरसक कोशिश की, लेकिन वह नहीं माना। वर्ग का यह अंतर आकाश को सबसे ज्यादा तब परेशान करता था, जब वह अपनी उम्र की किसी खूबसूरत लड़की को देखता था, खास तौर पर जो किसी अमीर घर की होती थी। एक दिन बिना दस्तक दिए ही आकाश मेरे कमरे में दाखिल हुआ और बोलने लगा। उसके अंदाज ने मुझे अंदर तक हिला दिया।

'साहबजी, मैं क्या इनसान नहीं हूँ? दिखाई नहीं देता हूँ?'

'क्या हुआ?'

'आप मेरे बारे में क्या सोचते हैं, साहबजी?'

इस सवाल से मैं चौंक गया। 'अरे, तुम एक सच में बड़े अच्छे इनसान हो। पर हुआ क्या?'

और फिर मुझे पता चला। यह किसी लड़की की बात थी! उसकी आवाज में अकेलेपन का दर्द था, जिससे मैं अब तक परिचित हो चुका था।

'साहब, ये अमीर लड़कियाँ...ये अंग्रेजी बोलती हैं, बड़ी-बड़ी कार चलाती हैं, महँगे कपड़े पहनती हैं और हमारी तरफ देखती तक नहीं हैं। वे हमारे जैसे लोगों की तरफ देखती तक नहीं और देखती भी हैं तो मजाक में या हुक्म चलाने के अंदाज में। क्या मेरे वजूद का कोई सम्मान या उस पर ध्यान तक नहीं दिया जाना चाहिए? कम-से-कम इतना तो वे कर ही सकती हैं कि अनदेखा न करें!'

'आकाश,' मैंने पलटकर कहा, 'शायद मेरे नेत्रहीन होने के कारण हम-तुम एक ही नाव पर सवार हैं। लोग हमारी तरफ सहानुभूति से देखते हैं। उनके लिए, मेरा वजूद नहीं है या मैं गरीब असहाय व्यक्ति हूँ, जो उनकी मदद या दया का पात्र है। मुझे कुछ भी नहीं चाहिए। मैं चाहता हूँ कि मुझे

आम इनसान की तरह देखें, समानता और सम्मान के साथ।'

मैंने उससे यह नहीं कहा कि नेत्रहीन होने के कारण, उनकी तिरछी नजर मुझे परेशान नहीं करती। आकाश कुछ देर तक सदमे में था।

मैंने तय किया कि मैं उसकी दूसरी समस्याएँ भी सुलझाऊँगा। चूँकि वह बहुत दूर से आता था, इसलिए मैंने उसे अपने कमरे में सोने के लिए कहा। इससे न केवल उसके आने-जाने का खर्च बचेगा बल्कि किराया देने में लगने वाले पैसे में भी कटौती हो जाएगी। आश्चर्यजनक रूप से वह इसके लिए तैयार नहीं था। मुझे लगा वह फौरन इस मौके को लपक लेगा।

चंद रोज बाद वह मेरे कमरे में सोने के लिए राजी हो गया। आखिरकार काफी जोर डालने के बाद उसने बताया कि मेरे कमरे में वह क्यों नहीं सोना चाहता था।

'साहबजी, हमें इस एकेडमी के किसी भी अफसर के कमरे में सोने की इजाजत नहीं है।'

उसका जवाब अधूरा था और मुझे लगा कि वह कुछ और कहना चाहता था।

'बता भी दो कि तुम्हें कौन सी बात परेशान कर रही है। मैं तुम्हारे बड़े भाई के जैसा हूँ।'

मेरी ओर से बढ़ाए गए हौसले ने आकाश को हिम्मत दी और वह बोल पड़ा, 'साहबजी, मैं एक साल तक भारतीय रेल में एक लाइन मैन के सहायक का काम करता था। पुलिस...'

वह खामोश हो गया।

'बताओ। यहाँ कोई तुम्हें कुछ नहीं करेगा। इस कमरे में एक आई.ए.एस. अफसर सोता है!' उसे सुरक्षा का एहसास कराने के लिए मैंने अपना महत्त्व बढ़ा-चढ़ाकर बताया। वह आश्वस्त हो गया।

'साहबजी, पुलिस के लोग अकसर मारते थे और बच्चों से गलत व्यवहार करते थे। पैसे भी माँगते थे। तब से ही मैं किसी पर भरोसा नहीं करता, क्योंकि मैंने रात को कई दर्दनाक चीजें देखी हैं।'

आकाश ने अपने बारे में कुछ भी नहीं कहा और मुझे सही नहीं लगा

कि मैं इस पर जोर दूँ। लेकिन मैं इस तरह की यातना से गुजर चुका था और उसके डर को समझ सकता था। गरीबी और अक्षमता ने हमें मिला दिया था। हम एक जैसे ही थे और एक-दूसरे के साथ रहकर एक-दूसरे का खयाल रखना था।

'तुम इस कमरे में सोया करो। तुम यहाँ सुरक्षित हो। मैं तुम्हें कोई नुकसान नहीं होने दूँगा। तुम मेरे साथ खाओ, रहो और पैसे बचाओ। उन पैसों को अपने परिवार के पास घर भेजो। मुझे बताओ कि मैं तुम्हारी मदद और कैसे कर सकता हूँ।'

कृतज्ञता से आकाश ने लगभग मुझे गले लगा लिया था। मुझे अच्छा लगा कि मैंने कुछ सकारात्मक किया, भले ही निजी क्षमता से किया।

दिन बीते। क्लास थकाने वाले थे और दिनचर्या बेहद व्यस्त। हम मुकाबले में बने रहें, इसके लिए दिन और रात विचित्र रूप से एक हो गए। अगर एकेडमी में होनेवाले क्लास मुझे सिद्धांत पर सोचने के लिए मजबूर करते थे और ऊपर से नीचे की ओर देखना सिखाते थे तो आकाश के प्रश्न मुझे जमीनी स्तर की झलक दिखाते थे। उसके प्रश्न अर्थव्यवस्था के क्लास में पूछे जानेवाले प्रश्नों से भी कठिन लगते थे।

यह ठंड की एक शाम थी, जब मुझे चाय देने के बाद आकाश ने चुप्पी तोड़ी।

'साहबजी, आखिर ऐसा क्यों होता है कि सारे पुराने सचिवों की पत्नियाँ हमेशा जवान दिखती हैं? और इतनी अकड़ भी रखती हैं?' आकाश ने मुझसे पूछा।

मैंने इनकार में सिर हिला दिया। मैं समझ नहीं सका कि वह क्या पूछ रहा था या एक सवाल के जरिए क्या कहना चाहता था।

'तुम्हारा मतलब क्या है?'

'मेरा मतलब है, साहबजी, मैंने कई बड़े साहबों को देखा है। ये अफसर बड़ा सादा जीवन जीना चाहते हैं, लेकिन उनकी पत्नियों और बच्चों की बात एकदम अलग होती है।'

'साफ-साफ बोलो। तुम कहना क्या चाहते हो?'

'सर, एक बार मुझे एक अफसर के परिवार को सुबह पाँच बजे चाय देनी थी और पूरी मसूरी में जबरदस्त बर्फबारी हुई थी। किसी तरह मैं पहुँच गया, हालाँकि मुझे दस मिनट की देरी हो गई। बूढ़े सचिव साहब ने एक शब्द नहीं कहा, लेकिन मैडम मेरे ऊपर बुरी तरह बरस पड़ीं। उन्होंने यह भी नहीं सोचा कि मौसम कितना ठंडा था और उसके चलते ही देरी हुई थी। जब मेरी आँखों से आँसू निकल गए, तब सचिव साहब से रहा नहीं गया। उन्होंने मेरे कंधे पर हाथ रखा और कहा कि मैं उनके बेटे की तरह हूँ और मुझे रोता नहीं देख सकते हैं। अपनी सुबकती आवाज के साथ मैंने उनकी तरफ देखा और कहा, 'सरजी, मैं पाँच सौ रुपए के लिए अपनी जान नहीं दे सकता हूँ। गरम कमरे के भीतर से बर्फबारी देखने में हमें भी खूब मजा आता है, लेकिन जब जमा देने वाले ठंडे मौसम में किसी को इतनी दूर से आना पड़ता है तो उसका शरीर सुन्न पड़ जाता है।' वे भी भावुक हो गए। मैं उस आदमी के अंदर की इनसानियत का सम्मान करता हूँ। कम-से-कम वे समझ गए कि जिसके साथ बुरा होता है, उसे कैसा लगता है।'

हमेशा की तरह मेरे पास उसके प्रश्नों का उत्तर नहीं था, लेकिन उसने मुझे अपने आस-पास के लोगों की जरूरतों को लेकर संवेदनशील बनाया।

उसी व्यस्त कार्यक्रम के कुछ दिनों बाद मैंने तय किया कि मैं आकाश से एक ऐसा प्रश्न करूँगा, जो मुझे उसकी सोच को समझने में मदद दे सके।

'अच्छा आकाश, यह बताओ कि तुम्हें अब तक का सबसे शक्तिशाली साहब कौन मिला?'

काफी देर तक सोचने के बाद, आकाश ने पूरी ईमानदारी के साथ कहा, 'मुझे केवल एक नाम याद है। वह व्यक्ति जो गांधी बाबा पर अपने दस्तखत करता है, मिस्टर झा।'

'गांधी बाबा?'

'नोट, सर!'

'ओ!'

'ये मिस्टर झा सबसे शक्तिशाली हैं, क्योंकि वे सबसे अमीर हैं!'

'कैसे?'

'वे खुद सारे करेंसी नोट पर दस्तखत करते हैं! वे ही सबको सैलरी देते हैं। यहाँ तक कि पी.एम. और राष्ट्रपति को भी। लेकिन साहबजी जब एकेडमी में आए थे, तब मुझे एक फूटी-कौड़ी तक नहीं दी थी!'

आकाश अचानक थोड़ी देर के लिए अवसाद में चला गया।

मैं उसकी मासूमियत पर हँसने लगा। शायद अर्थशास्त्र की जानकारी के अभाव में उसे पता नहीं था कि चीजें कैसे चलती हैं।

'हमें उनकी जगह पर आपके जैसे किसी जवान साहब को बिठाना चाहिए।'

मैं समझ नहीं पाया। 'क्यों?'

'ताकि आप गांधी बाबा के नोट पर हर दिन कई सारे दस्तखत कर सकें। तब मेरी सैलरी बढ़ जाएगी!'

मैं खिलखिलाने लगा। आकाश के लिए, नोट छापने और उसे बाँटने से गरीबी निश्चित रूप से कम हो सकती थी।

'साहबजी,' आकाश ने कहा, 'अगर सरकार हमारे जैसे गरीब लोगों को और पैसा देना चाहती तो यह काम आसानी से कर सकती थी। लेकिन बड़े साहब लोग गरीबों के हक में बात नहीं करना चाहते। वे हमें गरीब बनाकर रखना चाहते हैं।'

'लेकिन क्यों?'

'अगर गरीब अमीर बन जाएँगे तो उन्हें चाय कौन पिलाएगा? उन्हें गाड़ी चलाने, घर की सफाई कराने, डिनर तैयार करने और पूरे दिन सलामी ठोंकते रहने के लिए गरीबों की जरूरत होती है। यही वजह है कि मिस्टर झा पूरे दिन नोट पर साइन नहीं करते!' मैं उसकी दलील से अचंभे में पड़ गया।

अर्थशास्त्र को लेकर उसकी समझ पर मुझे हँसी आ गई, लेकिन उसकी भावनाओं ने मुझे रोक लिया। आकाश रुकने वाला नहीं था। उसे अपनी सारी गरीबी के लिए जिम्मेदार आदमी मिल गया था।

'साहबजी, अगर आप मुझे बंदूक दे दें तो मैं उन सबको मार डालूँगा, जो गरीब को गरीब बनाए रखना चाहते हैं। अगर मैं पुरोल्ला के जंगलों मे गुम हो जाऊँ तो कोई ढूँढ़ नहीं सकता। यहाँ तक कि भारतीय सेना भी नहीं।'

मेरे मुताबिक यह बातचीत सही शब्दों के अभाव में कुछ ज्यादा ही वामपंथी होती जा रही थी। मैं अंदर-ही-अंदर हँसा और सोचने लगा कि आकाश को चेयरमैन माओ की रचनाएँ काफी प्रभावित कर सकती हैं!

इस बीच ट्रेनिंग इस तरह जारी रही, मानो उसका कभी समापन नहीं होगा शारीरिक व्यायाम, क्लास, ट्रेक और विशेष लेक्चर। श्री मंदीप दीक्षित के स्पेशल लेक्चर के ठीक बाद, आकाश ने मुझे बताया कि मुझे देहरादून जाना होगा।

'देहरादून?'

'हाँ।'

'क्यों?'

'साहबजी, आपके लिए एक फोन था। आपको एक्सीलेंस प्राइज के लिए चुना गया है। आपका स्कूल आपको वह प्राइज देगा।'

'अवॉर्ड? स्कूल?' मैं तुरंत चीजों को जोड़ नहीं पाया। ये दोनों शब्द अकसर मेरे अंदर एकदम अलग-अलग तरह की भावनाएँ पैदा करते हैं।

आकाश खुशी से उछलने लगा। तब मुझे समझ आया।

पहले तो मैं अवाक् रह गया और फिर खुशी हुई। मेरे स्कूल ने, जहाँ मैंने सेकेंडरी और हायर सेकेंडरी की पढ़ाई पूरी की थी, जहाँ पहली बार मुझे इस एकेडमी के बारे में पता चला था, जहाँ मुझे तीन और बच्चों के साथ बिस्तर शेयर करना पड़ा था, वह मुझे कचरे से ऊपर उठकर कुछ बनने के लिए सम्मानित करनेवाला था। मुझे गर्व की अनुभूति हुई।

आनन-फानन में बीते दिनों की यादों के साथ की गई तैयारी के बाद, मैं देहरादून के लिए निकला और अपने पुराने स्कूल जा पहुँचा, दृष्टि बाधितों के लिए हैप्पी हिल स्कूल।

इतने बरसों बाद, वहाँ का नजारा ही कुछ और था!

मेरे ठहरने का इंतजाम गेस्ट हाउस में किया गया था, जहाँ छात्रों को जाने की मनाही थी; क्योंकि वह अफसरों और नामी-गिरामी मेहमानों के लिए था।

अगली सुबह हर कोई डिस्पेंसरी ग्राउंड में इकट्ठा हुआ और दो घंटे के भीतर पुरस्कार वितरण समारोह आखिरकार संपन्न हुआ। मुझे यकीन ही नहीं

हुआ कि मैं उसी स्कूल का गेस्ट ऑफ ऑनर था, जहाँ मैंने पढ़ाई की थी।

मैं वहाँ रोया था, आत्महत्या करने के बारे में सोचा था और मेरी पूरी दुनिया उस संस्थान में सिमट गई थी। लेकिन उस दिन मैं भारत के एक पूर्व जज, एक सेवानिवृत्त पुलिस महानिदेशक और लाल बहादुर शास्त्री नेशनल एकेडमी ऑफ एडमिनिस्ट्रेशन के डायरेक्टर के साथ बैठा था। बीस वर्ष लंबा यह सफर, जिसमें मैंने बेशकीमती बत्तीस किलोमीटर की दूरी तय की, उसने मुझे निरंतरता की एक वर्णावली को सीखने और भूलने की शिक्षा दी थी, जिसे जीवन कहते हैं।

मैं मुसकराने लगा और याद करने की कोशिश कर रहा था कि बीस वर्ष पूर्व अपने पहले ही दिन आखिर मैं क्यों रोया था। मैंने पैदल ही अपने इंस्टीट्यूट का चप्पा-चप्पा देखा और भय तथा साहस के हर पल को फिर से याद किया, और इस संस्थान ने, चाहे किसी बच्चे के कोमल मन के लिए यह कितना ही क्रूर क्यों न रहा हो, आखिरकार एक स्वयं निर्मित पुरुष बनने में मेरी मदद की थी।

□

5

निवेश

जीवन काफी हद तक भारतीय लोकतंत्र की तरह है, इससे फर्क नहीं पड़ता कि आप अच्छा बनने का कितना ही प्रयास क्यों न कर लें, कुछ लोग नाराज होने की वजह अकसर ढूँढ़ ही लेते हैं। मुझे इसका एहसास अनायास ही तब हुआ, जब मैं एक टेस्ट की तैयारी कर रहा था, तभी मेरे कमरे का दरवाजा करकराहट के साथ खुला और हैरान-परेशान दिख रहा आकाश दाखिल हुआ। मैंने पाया कि वह बुरी तरह हाँफ रहा था।

'सर,' हाँफते हुए उसने कहा।

'हाँ?' मैं उसकी तरफ उत्सुकता से देखने लगा, कुछ हद तक चिढ़ गया था, क्योंकि उसने असमय आकर मेरे विचारों के क्रम को तोड़ दिया था।

'हाँ, सर…' आकाश ने मेरी बात को जॉम्बियों की भारी आवाज में जिस तरह दुहराया, उससे मैं परेशान हो गया।

'क्या हुआ, कोई बात है क्या?' थोड़ा चिढ़ते हुए, मैंने ऊँची आवाज में कहा।

'कुछ नहीं, सर।' उसने धीरे से कहा और इस तरह खामोश हो गया कि मैं ही कुछ कहूँ।

'कुछ नहीं? तो फिर तुम यहाँ आए क्यों?'

आकाश को एहसास हो गया कि वह यहाँ आकर चुप हो गया, लगभग बेशर्मों की तरह, जबकि पहले उसी ने मुझे पुकारा, वह भी जब मैं इतना व्यस्त

था, और फिर वह कुछ बोल भी नहीं रहा था। मैं अंदर-ही-अंदर मुसकराने लगा। सच में, ऐसा सहायक किसी भी सिविल सेवक के लिए मूल्यवान था।

अब तक मैं भी नौसिखिया नहीं रह गया था। मैं खामोश रहा, यह अच्छी तरह जानते हुए कि कई लोगों के लिए चुप्पी ज्यादा असहज होती है, कड़ी फटकार से भी ज्यादा। चुप्पी किसी को बोलने पर मजबूर कर देती है, यह सबसे बढ़िया प्रश्नकर्ता होती है, लोगों को वह कहने पर मजबूर करती है, जो वे सोच रहे होते हैं।

'सर,' आखिरकार बोलने का साहस जुटाते हुए उसने कहा, '...क्या आप मेरे साथ मेरे गाँव पुरोला आ सकते हैं?'

'हाँ...क्यों नहीं?' कुछ सोच ही रहा था कि ये शब्द मेरे मुँह से निकल गए। मैंने मन-ही-मन अपने आप को कोसा। फैसले हमेशा सोच-विचार कर किए जाने चाहिए, यही मेरे सगे-संबंधियों की पहचान थी।

मुझे लगा कि वह निश्चिंत हो गया है।

'थैंक यू सर। हम कब चल सकते हैं?' उसने भरोसे के साथ पूछा।

'तुम बताओ...' मैंने न चाहते हुए भी जवाब दे दिया। सामने वाले को उसकी कार्य योजना रखने देना ही सबसे अच्छा तरीका था। फिर आप उसमें खामियाँ निकाल सकते हैं, अपने फायदे के मुताबिक इस्तेमाल कर सकते हैं, मैंने सोचा।

'आप अपने हिसाब से तय कर लीजिए, साहबजी।' उसने मेरा मान बढ़ाने के अंदाज में कहा, ताकि मुझे अच्छा लगे।

अगर आप हाँ नहीं कहना चाहते तो आपको न कहने की जरूरत नहीं सिर्फ उस अवसर को किसी तरह टाल दीजिए, जिसमें आप शामिल नहीं होना चाहते। इस तरह, इस पर अंतिम फैसला लेने से बचने के लिए, मैंने बात बदल दी।

'अच्छा...यहाँ आने के रास्ते में तुम्हें कौन-कौन से लोग मिले?'

आकाश का चेहरा चमकने लगा। 'टॉपर मैडम।' उसने मुसकराते हुए कहा।

'और कौन?' मैंने पूछा, साथ ही मन-ही-मन उसे कोस रहा था कि

उसे किसी भी प्रोबेशनर का नाम याद नहीं है, जबकि उसे कैंपस में रहते हुए दो महीने बीत चुके थे।

'एक और मैडम। लंबी, एकदम पतली वाली।'

'उन लोगों ने कुछ पूछा?'

'हाँ। पूछ रही थीं, तुम्हारे सर कहाँ हैं?'

'और तुमने क्या कहा?'

'वे अंग्रेजी में पूछ रही थीं!' आकाश ने मुँह लटकाते हुए कहा।

मेरे नथुने फड़कने लगे। जरूर वे कोई महत्त्वपूर्ण बात कहना चाह रही होंगी।

आकाश अब तक मेरे मिजाज को समझ चुका था। मुझे शांत करने के लिए उसने एक बात कही, जिससे जुझारू नौकरशाह भी शांत हो सकते थे और फिर मैं तो एक मामूली आई.ए.एस. ऑफिसर ट्रेनी था।

'चाय?' आँखों में एक चमक लाते हुए उसने वैसे ही पूछ लिया।

मैं मुसकरा दिया और हामी भर दी। चाय पीकर अकसर मुझे थोड़ा सुकून मिलता था।

इससे पहले कि मैं कुछ समझता, जादू की तरह चाय का प्याला मेरे सामने था। मैंने उसे पकड़ा और पूरे मन से चुस्कियाँ लेने लगा।

'सर,' उसने फिर से बात छेड़ दी और इस बार सांसारिक चीजों की बजाय दार्शनिक चीजों पर आ गया, जैसा कि वह अकसर करता था, 'ऐसा लगता है कि हमारा प्रारब्ध पासे के किसी ब्रह्मांडीय चाल से तय होता है। हमारे देश में इतना पैसा है कि हर गरीब रातोरात अमीर बन सकता है!'

'यह तुमसे किसने कह दिया?'

'किसी ने भी नहीं!'

'बता भी दो…'

वह शर्म से लाल हो गया। 'सारे मंत्री और नेता भ्रष्ट हैं सर…सोचिए, वह सारा पैसा गरीबों को मिल जाए तो!'

'नहीं, यह सही नहीं है, सारे नेता भ्रष्ट नहीं हैं। कई देश के लिए अथक परिश्रम करते हैं। सबको एक जैसा मत कहो। इसी तरह, तुम्हें लगता है कि

सारे अफसर भ्रष्ट हैं ?'

पहले तो आकाश हिचकिचाया, फिर अपने अटल साहस को दिखाने के लिए, खिड़की से बाहर देखने लगा और धीरे से कहा, 'लोग कहते हैं कि देश के हर बाबू के पास पैसा पहुँचता है।'

मैं हैरान रह गया। अफसर बनने के साथ समस्या यह है कि वह जिन लोगों की सेवा करनेवाला है, वह आम आदमी सिविल सेवकों की ईमानदारी पर विश्वास नहीं करता है। मैं जानता था कि यह एक खतरनाक परिपाटी है, जिसे बदलना होगा।

'तुम बताओ कौन-कौन से लोग इस तरह का पैसा लेते हैं ? नाम बताओ फिर मैं देखता हूँ कि मैं क्या कर सकता हूँ।'

'सॉरी सर,' उसने हड़बड़ाते हुए कहा, 'मैं अपनी नौकरी नहीं गँवाना चाहता।'

बार-बार कहने के बावजूद, उसने कुछ भी खुलकर नहीं कहा। मैंने छोड़ दिया। इस मुद्दे पर मैं सिर्फ इतना कर सकता था कि मैं एक अच्छा सिविल सेवक बनता और अपने आस-पास के लोगों की मदद करता। उसके लिए पहले मुझे अपनी ट्रेनिंग और टेस्ट को पूरा करना था। मैंने अपनी चाय खत्म की और आकाश को ट्रेनिंग सेक्शन से स्कैन किए गए कागजात लाने का आदेश दिया।

'सॉरी सर, मैं नहीं ला सकता।' जवाब देते ही उसने सिर झुका लिया।

'तुम नहीं ला सकते ?' मैंने अचरज से पूछा।

'नहीं ला सकता'

'और क्यों नहीं ला सकते, मी लॉर्ड ?' मैंने कटाक्ष करते हुए पूछा।

आकाश नाराज होता दिखा। 'नहीं ला सकता सर, क्योंकि आपके दोस्त ने पेन ड्राइव वापस नहीं किया है।'

'अरे मूर्ख, किसके पास ?' मैंने डाँटते हुए पूछा।

'आपका दोस्त…'

'कौन सा दोस्त ?'

'आप जिसके साथ अकसर खाना खाने जाते हैं।'

मुझे अपनी गलती का एहसास हुआ, लेकिन उसे डाँट लगाई कि उसे अब तक प्रोबेशनर्स के नाम याद नहीं हैं। इस बीच मैंने टी.वी. देखा। आकाश अपने सेल फोन में व्यस्त था।

'सर, मैंने अपनी माँ से कह दिया है कि मेरे साहबजी गाँव में आनेवाले हैं।'

मैं परेशान हो गया। उसे पता नहीं था कि प्रोबेशनरों की कुछ कानूनी जिम्मेदारियाँ भी होती हैं। अपनी असमर्थता जताते हुए मैंने कहा, 'बेशक मैं जाना चाहता हूँ! लेकिन मेरे पास दो ही छुट्टियाँ बची हैं।'

'मैं ट्रेनिंग सेक्शन में किसी को जानता हूँ, जो आपकी फाइल में हेर-फेर कर देगा,' उसने बेशर्मी से शेखी बघारते हुए कहा।

'उफ्फ?' यह तो कई मायने में डराने वाला था।

'साहबजी, मैं समझ नहीं पा रहा कि आप मना क्यों कर रहे हैं,' उसने कहा। 'मैंने पहले ही अपने घर वालों को आपके आने की बात बता दी है। अगर आप अभी नहीं जाएँगे तो मेरे परिवार की बेइज्जती हो जाएगी!'

'लेकिन···मेरी छुट्टी!'

'आप किसी बात की परवाह मत करें सर। मैं सब देख लूँगा।'

'मुश्किल हो जाएगी, आकाश,' मैंने कहा।

वह अब मेरे इनकार से नाराज दिखने लगा था।

'साहबजी, आप इसलिए नहीं जाना चाहते, क्योंकि हम आपके रहने का अच्छा इंतजाम नहीं कर सकते।'

'क्या? अरे नहीं!' यह बेकार की बात थी। वह मेरे अतीत के बारे में जानता ही क्या है? आराम से तो कभी मेरा कोई लेना-देना ही नहीं रहा।

'साहबजी, हम अमीर भले न हों, लेकिन हमारे दिल में बड़ी जगह है।'

मेरे अंदर एक हलचल मच गई। मैंने उसकी तरफ हाथ बढ़ाया और वादा किया कि उसके गाँव चलूँगा।

आभार प्रकट करने के लिए उसने गंभीर स्वर में पूछा, 'थैंक यू। मैं जानता था आप आएँगे। आपको पता है कि मुझे यह नौकरी कैसे मिली?'

'बताओ,' मैंने यह जानते हुए कहा कि वैसे भी वह बताएगा ही।

उसने ऐसे कहा जैसे सुन्न पड़ गया हो, 'मैं अपनी नौकरी की मुराद के लिए वैष्णो देवी गया था। माँ ने मुझे यह नौकरी दिलाई। आपका सहायक बनकर मैं बहुत खुश हूँ।' उसने आसमान की ओर देखते हुए देवी को धन्यवाद दिया।

वह खड़ा हुआ, लेकिन इससे पहले कि वह बाहर जाता, मैंने उसे उसका काम याद दिलाया।

'तुमने मेरा लॉकर देखा था? उसमें संपूर्णानंद में किसी सांस्कृतिक कार्यक्रम का कुछ था?'

'हाँ, मैंने आपके लॉकर से एक कागज निकाला था।'

'वह क्या है?'

'मुझे लगता है घुड़सवारी की क्लास में नहीं जाने का एक मेमो है।

मैं बातचीत कर ही रहा था कि तभी एहसास हुआ कि मैं अपनी कुरसी में धँसता चला जा रहा हूँ। इस आई.ए.एस. एकेडमी के बारे में एक और बात है। मैनेज में, प्रशासन और आसमान के नीचे की तमाम चीजों पर क्लास के अलावा, प्रशिक्षुओं से यह उम्मीद भी की जाती है कि वे खेल, पी.टी. और घुड़सवारी में हिस्सा लें। मेरे पास उसे पसंद न करने की साफ वजह थी, जब मुझे यह पता न चले कि मैं जा कहाँ रहा हूँ तो घुड़सवारी का क्या मतलब है। लिहाजा, मैं कुछ क्लास से गायब रहा। यही नहीं, मुझे यह भी यकीन नहीं हुआ कि कितनी जल्दी मुझे पकड़ लिया गया और डाँट भी लगा दी गई।

मानो मेरे मन की बात को उसने पढ़ लिया हो, आकाश ने कहा, 'साहबजी, भारत के दूसरे हिस्सों से यह एकेडमी एकदम अलग है। यहाँ कागज बड़ी तेजी से आगे बढ़ते हैं...हर कोई निगरानी में रहता है।'

उसने मेरे चेहरे से उड़ी रंगत को शायद देख लिया था। 'चिंता मत करें सर! ऐसे कागज आपके लॉकर में आते रहेंगे,' आकाश ने उपेक्षा के भाव से कहा, 'पिछले साल के प्रोबेशनरों को ऐसे कितने ही लव लेटर मिले थे।'

मैंने उसकी तरफ जानकारी हासिल करने के भाव से देखा।

'हाँ, साहबजी। प्रोबेशनर ऐसे नोट्स को लव लेटर कहते हैं। कुछ नहीं होता, बस कुछ भी लिख दो, यही इंडिया है,' उसने मजाक उड़ाते हुए मुझे

सलाह दी। आकाश किसी अनुभवी नौकरशाह की तरह बातें कर रहा था, जिसे उस दफ्तर के बारे में सबकुछ पता हो।

'अरे सर, मैं तो आपको यह बताना ही भूल गया था कि मुझे कल रात मेरे जमीन के मालिक ने फोन किया था। हाँ साहबजी, बड़ी उम्मीद के साथ बातें कर रहा था।'

मैं चौंक गया। 'क्या! कौन सा? जमीन का मालिक?'

'जमीन का मालिक, सर!'

'वह कौन है?'

'अरे! वही सिया गाँव वाला ओमवीर पवार। वह जो हार गया था प्रधान, उसी का बेटा,' उसने कहा। 'वह जमीन बड़ी अच्छी है सर। और लोकेशन! जबरदस्त! एकदम सड़क पर है, केम्पटी फॉल के पास। नया फाइव स्टार होटल बना है, उसके पास, और उसके सामने बर्फ से ढकी पहाड़ियाँ हैं। और कोई क्या चाह सकता है?'

'ओह?'

वह बोलता जा रहा था, '…सोचिए! आपके पीछे मसूरी इंटरनेशनल स्कूल है और हाथ मिलाने वाली दूरी पर यह एकेडमी!'

अब बात मेरी समझ में आई, वह किस बारे में बात कर रहा था, साफ हो गया। एक महीने पहले, मैंने सोचा था कि मेरे पास एक नौकरी और स्थायी आमदनी है तो मुझे अपने परिवार की देखभाल और यह खयाल रखना चाहिए कि मेरे माँ-बाप को उनके बुढ़ापे में कोई दिक्कत न हो। इसलिए मैं सोच रहा था कि अपने परिवार के संसाधनों, बचत वगैरह से मसूरी में एक छोटा सा प्लॉट खरीद लूँ। मैंने आकाश से इस बारे में बात की थी और उसने कहा था कि वह मेरी मदद करेगा।

मैंने खुश होते हुए कहा, 'क्या बात हुई?'

'उसने फोन किया था और बताया कि हम कल मिल सकते हैं।'

'कल?'

'हाँ!'

मैंने बिना कुछ सोचे ही हामी भर दी। मुझे उम्मीद थी कि मेरे माता-

पिता पैतृक गाँव की कुछ जमीन बेचकर यहाँ थोड़ी सी जमीन खरीदने के लिए राजी हो जाएँगे। मैं सोच रहा था कि उन्हें मनाने के लिए क्या दलील दूँगा। इस बीच आकाश चला गया और मैं सो गया।

अगली सुबह थोड़ी ठंडी, लेकिन खुशगवार थी। यह महीने का आखिरी रविवार था। उस दिन हमें सुबह जल्दी उठने की जरूरत नहीं थी। पोलो ग्राउंड में कसरत भी नहीं करनी थी। वाह, मैं खुशी से बोल पड़ा।

आकाश अपने नाखून कुतरता हुआ आया और खिड़की के सामने जाकर खड़ा हो गया। 'साहबजी, मैंने सिया गाँव के लिए गाड़ी का इंतजाम कर दिया है। वह चार सौ रुपए से कम नहीं लेगा। यह मसूरी है, यहाँ सबको आपको चूना लगाने का अधिकार है। अपने जीवन में मैंने कभी इतनी महँगी जगह नहीं देखी है!' उसने गुस्से में आते हुए कहा।

मैंने जल्दी से स्नान किया, तैयार हुआ और बटर लगे टोस्ट खा ही रहा था कि बाहर से तेज आवाज आई।

'हम देर कर रहे हैं, सर!' आकाश ने मुझसे कहा।

मैंने टोस्ट को मुँह में ठूँसा और फटाफट गंगा ढाबा पहुँच गया। एक बूढ़ा आदमी अपनी कैब के साथ खड़ा था। मुझे देखते ही उसने अपनी आधी बीड़ी को बेमन से फेंक दिया। दो कदम आगे बढ़कर उसने अपने हाथ जोड़े, 'नमस्ते साहब।'

मैंने इशारे में ही जवाब दिया और कैब में बैठ गया। एक तेज आवाज के साथ कार चल पड़ी। सड़क ऊबड़-खाबड़ थी, हर झटके में स्थिर रहने की मैंने पूरी कोशिश की। आकाश गाड़ी से बाहर देखता रहा। कुछ दूर से आकाश के जरिए लोग अपना अभिवादन मुझ तक पहुँचा रहे थे, जो मुझे उन लोगों के बारे में विस्तार से बताता जा रहा था कि किसने क्या कहा।

सिया गाँव के रास्ते में अपने साथ काम करनेवालों को देखकर वह हाथ हिला रहा था। कैब हिचकोले खाते आगे बढ़ रही थी। वहाँ की जमीन मेरे लिए नई नहीं थी और तापमान में अचानक आई गिरावट ने माहौल को सुखद बना दिया। बर्फीली चोटियाँ जैसे सफेद ध्वज लहरा रही थीं। हम सुरक्षित पहुँच गए बिचौलिया सुबह से ही वहाँ मौजूद था। इससे पहले कि मैं कुछ

कहता, चार लोगों ने पूरे उत्साह के साथ एक स्वर ने मेरा अभिवादन किया और एक मजबूत, कठोर हाथ मेरे हाथों को हिला रहा था।

मैं जितना देख सकता था, उस क्षमता से उसके चेहरे को पढ़ने की कोशिश की। उसके चेहरे पर कम-से-कम दो दिन की दाढ़ी उगी हुई थी। उसके कपड़े मुड़े-तुड़े थे। कॉलर का पहला बटन गायब था और पारंपरिक शॉल कंधे से झूल रही थी।

'ये गाँव के पूर्व प्रधान हैं।' बिचौलिए ने विनम्रता से बताया।

'आपका नाम क्या है? आप वही केदारनाथजी हैं?' मैंने उत्सुकता से पूछा।

इस बीच उसका दाहिना हाथ उसकी तंग जेब में कुछ टटोल रहा था। कुछ सेकेंड बाद, उसने अपने कुलबुलाते हाथों से एक बीड़ी निकाली और कहा, 'हाँ, सर।'

उसके आत्मविश्वास के पीछे उसकी अकड़ छिपी थी। मैं हैरान था कि ऐसा क्यों था, जबकि वह मेरे अनकहे प्रश्न का मतलब समझ गया था और बोला, 'मैंने कई आई.ए.एस. अफसरों को यहाँ जमीन दिलाई है। उन्हें पहाड़ों की हवा अच्छी लगती है। फिर मैं भी चाहता हूँ कि वे यहाँ रहें। इससे मेरी इस जगह पर शिक्षा की संस्कृति पैदा होगी।'

शायद संस्कृति की बात सुनकर, एक नौजवान, जो भड़कीली पोशाक में था, मेरे करीब आया।

'ओमवीर से मिलिए, प्रधानजी के बेटे,' मध्यस्थ ने परिचय कराया।

नौजवान सीधे मुद्दे की बात पर आ गया। उसने कहा, 'कीमतें तेजी से बढ़ रही हैं सरजी। आप जल्दी से कुछ ले लें, नहीं तो बजट से बाहर चला जाएगा!'

मैंने समझने का इशारा किया। 'जमीन के बारे में बताओ।'

'इस प्लॉट को देखिए सर, दोनों तरफ से सड़क है। यहाँ से नजारा भी जबरदस्त है।'

मुझे नजारे की नहीं, कानूनी स्थिति की चिंता थी।

'कोई दिक्कत नहीं है साहबजी, सबकुछ साफ है। फिर हम तो आपके

साथ यहीं हैं। आपको कोई परेशान नहीं करेगा।' उसने जोश में आते हुए कहा।

लंबी बातचीत के बाद, यह देखते हुए कि जमीन के मालिक की आवाज में व्यग्रता बढ़ती जा रही है, मैंने धीरे से बातचीत खत्म कर दी।

इस बीच कुछ दूर से आकाश बातचीत पर गौर कर रहा था। उसने मुझे किनारे ले जाकर कानों में धीरे से कहा, 'ये आपको नचा देंगे, आप इस जगह को जानते नहीं, साहबजी। सब यहाँ सिर्फ अपना फायदा देखते हैं।'

मुझे सावधान रहना था। हमने कुछ देर तक बात की और फिर कहा कि आज बस इतना ही।

बातचीत खत्म होते ही हम सड़क के पार चल दिए और बता दिया कि सोच-विचार कर बताएँगे।

'साहबजी, साहबजी!' आकाश ने अचानक मेरा हाथ पकड़ लिया और कहा, 'इस सड़क को देख रहे हैं? यही सड़क मेरे गाँव कोटला जाती है! मैं समझता हूँ, आप अपना वादा नहीं भूले होंगे।'

यह मेरे वादे को गंभीरता से याद दिलाने का एक प्रयास था, मुझे फिर से भरोसा देना पड़ा। हालाँकि मैं नहीं जानता था कि उस वादे का क्या होगा, लेकिन उसकी बचकाना माँग के आगे झुकना पड़ा।

हम लंच टाइम निकलने से पहले हॉस्टल लौटने में कामयाब रहे। आकाश बरतन लेकर मेस की तरफ भागा। मैंने हल्का सा स्नान किया और कपड़े बदले। इससे पहले कि मैं तैयार होता, वह लौट आया था और जब मैं बाथरूम से निकला तो उसे अपने ही मस्त-मौला अंदाज में गुनगुनाते हुए खाना लगाते देखा।

अचानक वह मजाक उड़ाता हुआ मुझसे बोला, 'यहाँ का स्टाफ मुझसे इतना जलता क्यों है? अगर उन्हें ऐसी किस्मत चाहिए तो वे भी वैष्णो देवी चले जाएँ। मैंने इसके लिए कड़ी मेहनत की है!'

'अब क्या हो गया?' मैंने पूछा।

'नहीं, साहबजी, स्टाफ के लोग आपका सहायक होने के कारण मेरा मजाक उड़ाते हैं। उन्हें अच्छा नहीं लगता कि आप मुझ पर इतना भरोसा करते हैं। वे मेरी जेब में आपका पर्स देखकर सोचते हैं कि कैसे एक साहबजी

अपनी जान से भी ज्यादा मुझ पर भरोसा करते हैं। इसलिए वे मुझसे जलते हैं और मुझ पर हँसते हैं!'

मैंने उसे समझाने का प्रयास किया कि कोई भी उससे नहीं जलता और उसे अपने काम पर ध्यान देना चाहिए, न कि इस पर कि लोग उसके बारे में क्या सोचते हैं, लेकिन कोई फायदा नहीं हुआ। मैं सोच रहा था कि वह मेरे लिए एक सहायक से कहीं बढ़कर था। वह एक अच्छा दोस्त भी था।

'खैर छोड़ो, भूल जाओ लोग क्या सोचते हैं। तुम बताओ,' मैंने स्वादिष्ट चावल-दाल को मुँह में डालते हुए पूछा, 'तुम मेरे साथ दिल्ली चलोगे?'

मैं उम्मीद कर रहा था कि वह खुशी से चहक उठेगा। उसकी जगह मैं होता तो ऐसा ही करता। लेकिन उसने ठीक उल्टा किया, उसने मजाक उड़ाते हुए नाक-भौं सिकोड़ लिये।

'क्या?'

'साहबजी, मैंने दिल्ली में काम किया है। वह गरीब लोगों के लिए सही जगह नहीं है।'

'क्यों?' मैं उसकी आवाज में अव्यक्त गुस्से को पढ़ सकता था।

आकाश चुप रह गया और मुझसे ही सवाल पूछने का फैसला किया।

'लेकिन साहबजी, एक बात बताइए।'

'क्या?'

'कल जब मैं आया, तब मैं दरवाजा खटखटाने ही वाला था कि आपने दरवाज़ा खोल दिया। आपने मुझे मेरे नाम से भी पुकारा। आप देख नहीं सकते, फिर आपको कैसे पता चला कि मैं ही था?

'हुँह?'

उसने फिर से वही सवाल किया।

'ऐसा कुछ नहीं है!'

'नहीं, नहीं, साहबजी, आपके पास कुछ खास शक्ति है!'

यह बस कदमों की आवाज को पहचान लेने की बात थी। 'कैसी शक्ति?' मैंने भी ठिठोली करते हुए पूछा।

'आपको कैसे पता चला कि दरवाजे पर मैं ही था? मेरी आवाज सुने

बिना ही आपने मेरा नाम ले लिया।'

शायद अन्य शिक्षित लोगों की तरह ही वह भी नेत्रहीनता को खुली आँखों से समझना चाहता था। लेकिन वह थोड़ा सजग और गंभीर था। किसी भी चीज को जो उसकी समझ से परे थी, उसे अलौकिक मान लेना उसकी मानसिक स्थिति के लिए अच्छा नहीं हो सकता था। मैंने उसे समझाने का पूरा प्रयास किया कि मैं नेत्रहीन था, बधिर नहीं और मैंने उसे आते सुन लिया था। फिर भी वह उस घटना से इतना वशीभूत था कि सारे प्रयास बेअसर साबित हुए।

'साहबजी, मैं अच्छी तरह देख सकता हूँ, फिर भी प्राथमिक की पढ़ाई पूरी नहीं कर पाया। आप न पढ़ सकते हैं, न ही लिख सकते हैं; लेकिन एक बड़े साहब बन गए। आखिर यह कैसे हो सकता है कि केवल सुनकर आप पूरी पुस्तक को याद कर लेते हैं? मैं आज भी कुछ ही प्रोबेशनरों के नाम बता सकता हूँ, जबकि आपको इतिहास की सारी घटनाएँ याद हैं! और आँखें बंद कर मैं एक कदम भी नहीं चल सकता।'

मैं समझ नहीं पाया कि क्या कहूँ। मैं बस यही सोच रहा था कि मैं लाखों अनगिनत लोगों में से एक व्यक्ति हूँ, जिसने पूरा जीवन सिविल सर्विस परीक्षा पास करने में झोंक दिया। किसी विशेष व्यक्ति के रूप में देखा जाना मेरे लिए नया अनुभव था।

हमने बाकी का खाना चुपचाप खाया।

आकाश बरतन साफ करने बाहर चला गया और मैंने कुछ देर तक सोने की कोशिश की। एक घंटे बाद, किसी की दस्तक से मेरी नींद खुली।

'आ जाओ!'

एक बार फिर हाँफता और हैरान आकाश ही था।

'क्या बात है?'

'साहबजी, आपका नाम नोटिस बोर्ड पर सजा के लिए कराई जानेवाली पी.टी. के लिए लिखा है। शाम छह बजे हमें पोलो ग्राउंड जाना होगा।'

मैं कराह उठा। पूरे दिन का काम हो गया!

आकाश पी.टी. को लेकर मेरे जितना सतर्क नहीं रहता था। शायद इस

कारण, क्योंकि वह जवान और मजबूत कद-काठी वाला था या इस कारण क्योंकि मैं जब उछल-कूद कर रहा होता था तब वह किनारे बैठकर बीड़ी के कश लगा रहा होता था।

उसने दो ट्रैक सूट निकालकर पटक दिए। 'कौन सा पहनना चाहेंगे सर?' उसने पूछा, 'आई.पी.एस. वाला या आई.ए.एस. वाला?'

उलझन में मैं कुछ कह नहीं पाया। मैं अब भी अफसोस कर रहा था कि मेरा नाम दंडात्मक पी.टी. के लिए आ गया था। मैं पसीने बहाने का शौकीन नहीं था।

मुझे आश्चर्य हुआ, जब उसने बड़े प्यार से पूछा, 'मैं हमेशा आई.ए.एस. और आई.पी.एस. के बारे में सुनता हूँ। दोनों में फर्क क्या है साहबजी?'

'दोनों अलग-अलग सेवा है,' मैंने बताया। फिर मैंने विस्तार से उसे समझाया और यह ध्यान रखा कि सामान्य प्रशासक, विशेष प्रशासक और ऑल इंडिया सर्विस जैसी तकनीकी शब्दावली का प्रयोग न करूँ।

'लेकिन सर, ज्यादा शक्तिशाली कौन होता है?'

मुझे नहीं लगा कि इस विषय पर मुझे उससे बात करनी चाहिए, 'कोई भी नहीं, सब एक समान हैं।'

'सब?'

'हाँ।'

उसकी आवाज कोमल हो गई। 'फिर क्यों आप मेरे साहब हैं और मैं आपका सहायक?'

मैं हँसने लगा। जवाब में आकाश ने मुझसे कहा कि उसने आई.पी.एस. बनाम आई.पी.एस. की बहस पर विचार किया था। 'साहबजी, मुझे लगता है कि आई.पी.एस. ज्यादा पावरफुल है।'

मैं यह सुनकर दंग रह गया। 'क्यों?'

'सर, पुलिस आपको गिरफ्तार कर सकती है, पीट सकती है और अपनी बंदूकों से मार सकती है। हाँ, आप मेरी बात मानें, मेरे गाँव कोटला में ऐसा ही हुआ था। आप प्रशासक की बजाय पुलिस ऑफिसर नहीं बन सकते?'

मैं समझ नहीं पाया कि उससे क्या कहूँ। मैंने बस इतना कहा कि वह

आई.पी.एस. को जैसा समझता है, वैसा बनना मेरे बस की बात नहीं थी। मैंने शब्दों को ध्यान से चुना ताकि कुछ ऐसा कहूँ, जिससे वह संतुष्ट हो जाए। 'मुझे पीटना और मारना अच्छा नहीं लगता और फिर तुम जानते हो कि इन चीजों के लिए देखना जरूरी है।'

आकाश इस सफाई से संतुष्ट दिखा और मुझे अकेला छोड़ दिया। लेकिन जाने से पहले उसने मुझसे ब्लू ट्रैक सूट पहनने को कहा, जिसकी बाजू आरामदेह थी और पीछे आई.ए.एस. लिखा था।

'वैसे भी आप आई.ए.एस. हैं आई.पी.एस. नहीं', सावधानी से उसने कहा और चला गया।

अचानक मुझे अजीब सा महसूस हुआ, मुझे दंडात्मक पी.टी. के लिए जाना था, जिससे मैं नफरत करता था। हालाँकि मुझे यह एहसास था कि एकेडमी में शारीरिक कसरत की कठिनाई, उस मानसिक वेदना की कभी बराबरी नहीं कर सकती, जिसे मैंने बड़ा होते हुए सहा था। जब भी मुश्किलें आती हैं तो मैं उनसे भी बड़ी मुश्किलों के बारे में सोचने लगता हूँ, इस प्रकार मुझे आगे बढ़ने की ताकत मिलती है। मुझे पी.टी. से नफरत थी, हाँ, लेकिन इतनी नफरत कभी नहीं कर सकता था, जितनी नफरत अपने साथ घट चुकी बातों को लेकर थी। दूसरे शब्दों में कहूँ तो जो कुछ मेरे साथ स्कूल में हुआ था। यह खुशी की बात थी कि मैं वहाँ फिर से गया था, इस बार सम्मानित किए जाने के लिए। मैं काँप उठा और मेरा अतीत अचानक आँखों के सामने आ गया। सचमुच नर्क था वह।

मैं अपने बचपन की बात कर रहा हूँ।

□

6

अनहैप्पी हिल

लोग कश्मीर को भले ही धरती का स्वर्ग कहते हों, लेकिन कहीं अगर नर्क है तो वह यहीं है, यहीं है, यहीं है—नेत्रहीनों के लिए हैप्पी हिल स्कूल।

बरसों पहले आँखों की रोशनी चले जाने के कुछ महीने बाद, मुझसे स्नेह रखनेवाले एक टीचर मुझे हैप्पी स्कूल लेकर आए थे और मुझे उन लोगों के हवाले कर दिया, जिनके लिए मैं बस एक सामान था, वह भी ऐसा, जिसकी जरूरत किसी को नहीं थी।

उस स्कूल में शुरुआती कुछ दिन दयनीय से भी कहीं ज्यादा बुरे थे। मुझे टेलीविजन रूम में जगह मिली थी, जहाँ कम-से-कम पंद्रह छात्र एक साथ गंदे कालीन पर सोते थे, जिस छोटे से हॉल के चारों ओर सामान बिखरे पड़े थे। कुछ बच्चे तो इतने छोटे थे कि अपनी माँ को ढूँढ़ते हुए लगातार रोते रहते थे। हवा में किसी गंदे टॉयलेट जैसी महक थी और बच्चे इतने डरे रहते थे कि अपने आप को हल्का करने से ठीक पहले बताते थे, ताकि कहीं उनकी पैंट गीली न हो जाए। दरअसल, उसके बाद उनके साथ बहुत बुरा सलूक होता था। अधिकांश बच्चे गरीब परिवारों के थे। स्कूल की ओर से गाँव-गाँव में लगाए गए कैंप से उन्हें ढूँढ़-ढूँढ़कर लाया गया था, जो दृष्टि बाधित बच्चों की तलाश किया करते थे। माँ-बाप को लगता था कि नेत्रहीन

होने के बावजूद उनके बच्चों को शिक्षा मिल जाएगी और वे उन्हें दूर भेजकर भी खुश रहते थे। दूसरी तरफ बच्चे कुछ और ही बताते थे।

मुझे एक ट्रिप की याद आई, जिस पर मैं कुछ दिन पहले ही गया था, जब मेरे स्कूल ने मुझे सम्मानित किया था। मैं जैसे ही हैप्पी हिल पहुँचा, टी.वी. रूम के कारपेट ने मुझे बीस साल पहले की याद दिला दी और मुझे टेलीविजन रूम और यहाँ बड़े होने की समस्याओं की यादें ताजा कर दीं। लेकिन अब वहाँ कोई नहीं था, जो मुझे डाँटता, पेशाब की कोई बदबू नहीं थी, कोई मेरे कपड़े गायब नहीं कर सकता था।

मैंने चारों ओर देखा। स्कूल वही था, लेकिन इसमें बदलाव आ चुका था, यह बेहतर हो चुका था। मेरे सफर की विचित्र सी यादें सामने आने लगीं। इस स्कूल में मेरा अनुभव कड़वा रहा था, लेकिन शुक्र है कि मेरे बाद आनेवाले कई बच्चों को वह सब नहीं झेलना पड़ा। मुझे यह जानकार आश्चर्य हुआ कि कुछ को कमरे में अलग बिस्तर मिले थे और उनके साथ एकदम अलग व्यवहार हुआ था।

दुर्भाग्य से मेरे लिए सबकुछ इतना आसान नहीं था। उस स्कूल में मेरी शुरुआत दूसरों से कहीं अधिक कठिन थी। मैं मध्यम वर्गीय परिवार से आता था, जो एकदम दीनहीन तो नहीं था, लेकिन मेरे साथ भाषा की समस्या थी। मेरे ज्यादातर साथी अलग भाषा में बात करते थे और कोई समान भाषा नहीं थी। यही नहीं, केयरटेकर से अच्छा संबंध रखने के लिए जरूरी था कि आप स्थानीय भाषा में बात करें। सारे छात्रों में से लगभग साठ प्रतिशत गढ़वाल और कुमाऊँ के अलग-अलग हिस्से से आए थे। जबकि यहाँ बड़ा होने के दौरान मैं एकदम चिड़चिड़ा रहता था, खास तौर पर इस कारण; क्योंकि मेरी भाषा पर पटना और गया क्षेत्र में बोली जानेवाली मागधी का प्रभाव था। मुझे बिहारी कहा जाता था, और अकसर मुझे पूर्व मुख्यमंत्री, श्री लालू प्रसाद यादव के बारे में चुटकुले सुनाए जाते थे। इस प्रकार एक नेत्रहीन बच्चा उत्तर भारत के एक स्कूल में दूसरे नेत्रहीन बच्चों के साथ संघर्ष कर रहा था। मेरा परिचय भारत की नाक में दम कर रहे सबसे बड़े खतरे से हुआ—क्षेत्रवाद

से। मैं तीसरी क्लास में था और समझ नहीं पाता था कि हम एक-दूसरे के साथ एकजुटता क्यों नहीं दिखाते। वैसे भी हम सब नेत्रहीन थे और जरूरत इस बात की थी कि हम एक परिवार की तरह रहें और जाति, धर्म या क्षेत्र के आधार पर एक-दूसरे का मजाक न उड़ाएँ। मैंने तय किया कि जब मैं बड़ा हो जाऊँगा तो लोगों की पृष्ठभूमि को नहीं बल्कि उनके कर्मों को देखूँगा। मेरे हृदय में एक आग जल रही थी, जो पूरी तरह से जातिवाद, क्षेत्रवाद और सांप्रदायिक नफरत के खिलाफ थी। हम सब एक थे और हमें उसी तरह काम करना चाहिए।

हालाँकि बच्चे के तौर पर मैंने उन लोगों को गिनना शुरू किया, ताकि उनसे यह पूछ सकूँ कि बिहारी होने के चलते हमारा मजाक क्यों उड़ाया जाता है। बिहार के केवल दो ही साथी वहाँ थे। एक हाजीपुर का आनंद शर्मा था, जो मेरा सबसे गहरा दोस्त बन गया। कई तरह के बहाने से वही मुझे क्रिकेट के मैदान तक ले गया था, टाटा स्टील चैलेंजर ट्रॉफी में मैन ऑफ द टूर्नामेंट अवॉर्ड हासिल करने की वजह से इंग्लैंड भी गया, जब वह सातवीं क्लास में था। वह आगे चलकर दिल्ली में खेले गए नेत्रहीनों के पहले क्रिकेट वर्ल्ड कप में भारत का कप्तान भी बना। मैं इस टूर्नामेंट में सबसे युवा खिलाड़ी के तौर पर शामिल हुआ था।

अब मुझे लगता है कि लोगों का मजाक उड़ाना अभिशाप में वरदान की तरह था। उसने न केवल मुझे मजबूत बनाया, बल्कि मेरे अंदर भरोसे को भी जगाया तथा उत्कृष्ट प्रदर्शन करने की इच्छा भी पैदा की। इसी ने मुझे आनंद से मिलाया, जो मुझे क्रिकेट की ओर ले गया और क्रिकेट के कारण ही न केवल मैंने नेत्रहीनों के लिए वर्ल्ड कप में अपने देश का प्रतिनिधित्व किया, बल्कि दुनिया के कई हिस्से से आए लोगों से मिलने का भी मौका मिला। मैं आनंद का शुक्रगुजार हूँ।

बिहार से एक अन्य व्यक्ति स्वयं संस्थान के निदेशक थे, जो सेना के लेफ्टिनेंट कर्नल के पद से रिटायर हुए थे। उनका नाम था, अखिल वर्मा। लेकिन उनके लिए इस तरह के भेदभाव सोच से परे थे, क्योंकि वे उस

संस्थान के प्रमुख थे और इन छोटी बातों से ऊपर थे। फिर भी एक बच्चे के तौर पर मुझे यह अच्छा लगता था कि कोई था, जिससे कुछ गलत होने पर जाकर मैं कह सकता था।

बुरी यादों ने मुझे झकझोर कर रख दिया। उस वक्त मेरे युवा मन के लिए क्षेत्रवाद इतनी बड़ी समस्या थी कि मेरे लिए समझना और निपटना असंभव था—मैं अब तक अपने लिए सिंगल बेड और खाने जैसी छोटी-छोटी बातों से बुरी तरह जूझ रहा था। अपने प्यारे माँ-बाप से शिकायत करना भी मेरे लिए मुश्किल था, क्योंकि ऐसी समस्याओं के बारे में जानकर वे तुरंत मुझे घर ले जाते और स्कूल जाने का मेरा सपना वहीं हमेशा के लिए चूर-चूर हो जाता। जीवन बेहद कठिन था, लेकिन मैं उससे भी कठोर होना चाहता था। अच्छी शिक्षा की राह में मैं किसी भी रुकावट को आने नहीं देना चाहता था। मैं दसवीं, बारहवीं और फिर बी.ए. के बाद एम.ए. भी करना चाहता था! मुझे कोई भी रोक नहीं सकता था। क्या हुआ अगर में देख नहीं सकता था? मैंने तय किया कि मैं सॉफ्टवेयर का इस्तेमाल करूँगा और अपना ज्ञान बढ़ाऊँगा।

मैं टेप और लेक्चर को सुनता रहा और उन्हें याद करता रहा। यह एक आदत बन गई और मुझे किसी भी विषय पर कुछ भी लगभग याद रहता था, खास कर जब मैं सिविल सेवा परीक्षा की तैयारी कर रहा था।

स्कूल में मेरा समय बहुत दर्दनाक था। रात को टॉयलेट जाना बेहद डरावना अनुभव होता था, क्योंकि एक बच्चे के रूप में मैं पेशाब करने के लिए अकसर टेलीविजन रूम की खिड़की का इस्तेमाल करता था। स्कूल में मेरा पहला दिन उदासी भरा था। मुझे बिना बताए ही मेरे पिता स्कूल से चले गए, ताकि मैं रोने और जिद न करने लगूँ। खेलने के बाद मैं पूरी तरह थक चुका था और इस कारण रात को दोस्तों से बात करते-करते जूते पहने हुए ही सो गया। अचानक मेरे मूत्राशय ने मुझे नींद से जगा दिया और जब मैं जागा तो बाहर कुछ ऐसा घूमता दिखा, जिससे मेरे रोंगटे खड़े हो गए। उसे खिड़की के पास मँडरा रहे भूतों का वृंदगान समझकर मैं रोने लगा। लेकिन हल्का होने की तीव्र इच्छा ने बाहर जाकर मूत्र त्यागने का मुझ में साहस पैदा

किया। नया-नया होने के चलते मुझे पता नहीं था कि टॉयलेट कहाँ है। मैंने अपने आप को कोसा। बाहर गलियारे में इतना अँधेरा था, मानो कोई अंतहीन गुफा हो। फिर दबाव इतना कष्टकारी हो गया कि मैंने बरामदे के बीच ही अपने आप को हल्का कर लिया, मेरी अपनी धार की आवाज मुझे तब तक डराती रही, जब तक कि मैं वापस अपने कमरे में नहीं आ गया।

रात को एक और खतरा पैदा हो गया, हालाँकि वह दूसरी तरह का था। जिस लड़के के साथ मैं सो रहा था (कारपेट पर) वह पहले ही पेशाब कर चुका था और इतनी भी सूखी जगह नहीं बची थी कि मैं लेट सकूँ। कुछ देर तक उलझन में पड़े रहने के बाद, मैंने बिना ढकी फर्श पर सोने का फैसला किया, जो ठंडा और धूल से भरा था। पर वही जगह सूखी थी, जहाँ मैं सो सकता था।

टेलीविजन रूम अब भी शवों का जंगल बना था। नंगी फर्श और अपने दोस्त के मूत्र के कारण पैदा हुई ठंड से मैं काँपता रहा। मेरे दोस्त कारपेट की फर्श पर मृत नहीं थे, फिर भी इमारत का सन्नाटा इतना बहरा कर देनेवाला था कि मेरी रूह काँपने लगी। कभी-कभी कोई अपने सपने में बड़बड़ाता था, लेकिन भाषा अलग ही थी। समझ में न आनेवाले शब्द मुझे सिर से पाँव तक सिहरा देते थे। कुछ आवाजों को अपने घरों की याद आ रही थी और दूसरों की बातें भाषा की जानकारी न होने के चलते मैं समझ नहीं पाया। एक के बाद एक, वे अपने घर से अलग होने को लेकर संघर्ष कर रहे थे और वे सब व्यक्त कर रहे थे, जिसकी अपेक्षा एक छोटे से बच्चे से की जा सकती है। अपने आप को तुरंत सुखाने के लिए मैंने अपनी पैंट के गिले हिस्से को पंखे के नीचे रखा। मेरे नीचे की ठंडी फर्श, बदबूदार ठंडा पेशाब, खिड़कियों के टूटे शीशे से अंदर आती सर्द हवा, पास के जंगलों में गीदड़ों के चीखने की आवाजें और बीच-बीच में सपने में लड़कों की बड़बड़ाहट ने मुझे अपनी साँसों को गिनने पर मजबूर कर दिया। स्कूल में यह मेरी पहली रात थी और इसमें मेरे वहाँ रहने की स्थिति को तय कर दिया। इस रात ने मुझे इस बात का भी एहसास कराया कि दुनिया कितनी क्रूर और कठोर है,

खास तौर पर मेरे जैसे के लिए, जिसे दुनिया विकलांग समझती है। मेरे पास एक आसान विकल्प था, यहाँ रहकर अपने संकल्प को मजबूत कर, अपने लिए एक मुकाम हासिल करना या छोड़कर चले जाना और लोगों की दया और उदासीनता के तले पिस जाना।

मैंने पहले को चुना।

मैं घंटे की आवाज से जागा। हॉस्टल की ब्रेकफास्ट बेल मुझे किसी मंदिर की याद दिलाती थी, मानो भगवान् मुझे असहनीय पीड़ा से बचाने के लिए अवतरित होंगे। मैं तुरंत उठ गया, ताकि पूरी रात कहाँ सोया था यह कोई देख न ले, फिर देखा कि वहाँ कोई था ही नहीं, जो मेरी लज्जा को देख सके। माँ रात को इस तरह की हरकतों पर मुझे डाँट लगा देती, लेकिन यहाँ किसी ने देखा तक नहीं। मैं उठा और छात्रों की लाइन में खड़ा हो गया। वे चीख रहे थे, कूद रहे थे और चीजों को इधर-उधर फेंक रहे थे, लेकिन वे इतने भूखे और नाश्ते को निगल जाने का पक्का इरादा रखते थे कि कोई उन्हें रोक नहीं सकता था। पहली बार मैंने समझा कि एक व्यक्ति जो देख नहीं सकता था, वह अपनी बात पर जोर देने के लिए ऊँची आवाज में क्यों बोलता है, नहीं तो इस दुनिया के शोर में वह अनसुनी रह जाएगी।

अचानक आँधी की तरह एक लड़की, जो बीस-तीस साल के आस-पास थी वह आई। उसने लगभग झटककर मुझे खींचा और आदेश दिया कि मैं कतार में खड़ा हो जाऊँ, वह भी बिना कपड़ों के। नहाने का समय हो चुका था। मैं उलझन में भी था और शर्म भी आ रही थी, लेकिन उसे कुछ समझाना मुश्किल था। उसने मार्गो साबुन का कवर हटाया और एक-एक कर हम सभी को साफ करना शुरू कर दिया। यह फोर्ड की एसेंबली लाइन के जैसा था, हम सब आते, ठंडे पानी में फेंके जाते और साबुन से इतना कसकर रगड़े जाते कि चमड़ा दर्द करने लगता था। फिर हम सबको किनारे खड़ा कर दिया गया, ताकि आखिर में सफाई की जाए। इसका मतलब था कि और ठंडा पानी हमारे ऊपर फेंका जाएगा, जिससे नहाने का कार्यक्रम पूरा होगा। यह मशीनी और लगभग क्रूर तरीका न केवल अपमानजनक था

बल्कि अमानवीय भी था। उसने हर किसी को किसी गुस्सैल नदी की तरह नहाया और अपने कमरे में जाने को कह दिया। यह भावनात्मक अपमान और शारीरिक कष्ट आज भी मुझे गुस्सा दिला देता है।

मैं टेलीविजन रूम तक एकदम बदहवास की तरह पहुँचा। इससे पहले कि मैं उस भयंकर अनुभव के बारे में और सोचता, जहाँ मुझे मनुष्यों की एसेंबली लाइन में मांस का टुकड़ा भर बना दिया गया था, मेरे काँपते शरीर ने मजबूर कर दिया कि मैं जल्द-से-जल्द कपड़े पहन लूँ। मैंने अपनी गरदन में टँगी चाबी को टटोला और कुछ प्रयासों के बाद अपना लॉकर खोला। सारे स्टील के बॉक्स एक जैसे थे, लेकिन अंत में मैंने सही वाले को ढूँढ़ा और उसे खोल लिया। मैं जब कपड़े पहन रहा था, तब सोचा कि मुझे इस बारे में अपने माता-पिता को चिट्ठी लिखनी चाहिए, लेकिन एहसास हुआ कि इससे मेरी समस्या कम होने की बजाय उनकी समस्या बढ़ जाएगी। यही नहीं, यह महिला (या लड़की), चलिए उसे वैंप दीदी कहते हैं, इतनी कर्कश थी कि उसके खिलाफ शिकायत करने की बात सोचकर ही मुझे चक्कर आने लगते थे। मुझे उस हॉस्टल में रहना था। घर लौटने पर मेरी पढ़ाई छूट जाती।

मैं इस फैसले पर पहुँचा कि बिना शिकायत किए मुझे यहीं रहना चाहिए। वह मुझे कष्ट नहीं पहुँचा रही थी, मैंने अपने आप को समझाया। मैं जब स्कूल की तरफ जा रहा था, तब वह रास्ते में मुझे मिली और कंधे पर हाथ रखकर प्यार से कहा, 'तुमने नाश्ता कर लिया? स्कूल में पहली क्लास करने जा रहे हो? बेस्ट ऑफ लक!'

उसकी पकड़ में नहीं, पर शब्दों में करुणा थी। मैंने उसके प्रश्नों का जवाब नहीं दिया और पहली क्लास करने चल पड़ा। उन्होंने नए अबेकस और पढ़ाई के अन्य उपकरणों से मेरा परिचय कराया। मैंने ध्यान लगाने की कोशिश की, लेकिन नया माहौल इतना शत्रुतापूर्ण और भारी था कि उस दिन मैं कुछ भी अच्छा नहीं कर सका। आखिर में मैं हॉस्टल लौट गया, क्योंकि मुझे पढ़ने-लिखने के लिए भारी चीजें अच्छी नहीं लगीं। आज मैं भले ही एक आई.ए.एस. हूँ, लेकिन मैं कभी किताबी कीड़ा नहीं रहा। उस स्कूल में

मेरे लिए केवल एक आकर्षण था और वह था उसका बड़ा खेल का मैदान। मैं उसे पसंद करता था और लगभग पूरा समय क्रिकेट या कोई और खेल खेलने में बिताता था।

मैं जब हॉस्टल पहुँचा तो छात्रों को बिस्कुट खाते देखा। शायद यह शाम के नाश्ते का समय था। मुझे खुशी हुई कि सुबह वाली गुस्सैल लड़की वहाँ नहीं थी। उसकी बजाय एक बुजुर्ग महिला ड्यूटी पर थीं। वे सबका खयाल करनेवाली दिख रही थीं और मुझे उनके साथ काफी अच्छा लगने लगा।

डिनर के बाद मैंने टी.वी. पर चित्रहार देखा और अपने परिवार के बारे में बातें करता रहा। लेकिन धीरे-धीरे छात्र अपनी-अपनी जगह पर जाने लगे और कुछ हद तक सजग दिखे, मानो मैं उनसे कहीं यह न कह दूँ कि मैं उनके साथ सोना चाहता हूँ, क्योंकि मेरा अपना बिस्तर नहीं था। मैं उनके डर को समझ गया और बुझे मन से टेलीविजन रूम की तरफ बढ़ गया, जहाँ कई छोटे बच्चे आपस में इस बात को लेकर लड़ रहे थे कि वे उस जगह पर नहीं सोएँगे, जहाँ मूत्र की कुछ और गरम धारा बहने वाली थी। नया-नया होने के चलते, मैं उनके झगड़े को सुनते रहने के सिवाय कुछ कर नहीं सकता था।

उस स्कूल में दूसरी रात मेरे सामने थी और आखिरकार मुझे वह जगह मिली, जहाँ कोई और सोने को तैयार नहीं था। यह टूटी खिड़की के काफी करीब थी और बाहर से चीखने की आवाजें माहौल को और डरावना बना रही थीं। नौ बजे के करीब वैंप दीदी प्रकट हुईं और गलियारे से ही चीखने लगीं। वे सभी को सो जाने का हुक्म दे रही थीं। मैं इतना डर गया कि मैंने सो जाने का बहाना किया। वे जब कमरे से चली गईं तब मैंने देखा कि उन्होंने टूटे शीशे वाले हिस्से को बेडशीट से ढक दिया था, शायद इस वजह से कि हमें जंगल की हरकतों से बचाकर रखा जाए। यह याद नहीं कि मुझे कब नींद आ गई थी।

एक विचित्र सी आवाज ने मुझे जगा दिया। मैं समझ गया कि रात के सन्नाटे में मेरे साथ कुछ होनेवाला है। मैं देख पा रहा था कि दो लोग टेलीविजन रूम में दाखिल हुए थे। उनकी टॉर्च से दीवार पर डरावनी परछाई बन रही

थी और वे आपस में खुश होकर खुसर-पुसर कर रहे थे।

मेरा दिल इतनी जोर-जोर से उछलने लगा मानो सीने की हड्डियों से टकरा रहा हो। वे लोग आखिर कौन थे ? क्या वे चोर थे ? क्या वे हमें नुकसान पहुँचाएँगे ? मैं नहीं जानता था।

खुसर-पुसर धीमे-धीमे जारी रही। कभी तेज तो अगले ही पल एकदम मंद-मंद। मैंने चूड़ियों की खनखनाहट सुनी, वैसी ही जैसी सुबह नहाने के दौरान सुनी थी। यह कुछ समय तक चलती रही। आखिरकार मैं सो गया, क्योंकि मुझे कुछ सुनाई नहीं पड़ा और घोर अँधेरे में मेरी उत्सुकता समाप्त हो गई, वैसे भी मैं बहुत थक गया था। मैं जब आधी नींद में था, तब अचानक काँच के गिरने की आवाज आई, शायद उस रात की वह सबसे तेज आवाज थी, जिसने मुझे जगा दिया। मैं यकीन के साथ कह सकता हूँ कि हम में से कई ने उस आवाज को सुना होगा, लेकिन किसी ने भी डर से कुछ कहने की हिम्मत नहीं की। अब खुसर-पुसर ने बातचीत का रूप ले लिया था।

टॉर्च की रोशनी लगातार जल रही थी। उन्होंने उसे टेबल पर रख दिया था। उनमें से एक वैंप दीदी थीं, जिनकी छाया-आकृति को मैं देख पा रहा था। फिर चारों और एक तीखी गंध फैल गई, जब उन्होंने एक गिलास में थोड़ा सा तरल पदार्थ डाला। मैं उन्हें देख पा रहा था, क्योंकि टॉर्च की रोशनी उन पर टिकी थी। मैं पूर्ण अँधेरे में था और मेरी सीमित दृष्टि के ठीक उलट मेरे सामने की तसवीर थी। यह तरल पदार्थ उससे भी कहीं तेज गंध वाला था, जिसका इस्तेमाल मेरे गाँव में मेरे रिश्तेदार किया करते थे।

आधे घंटे बाद बिजली चली गई। सारे पंखे बंद हो गए। अब हर आवाज एकदम साफ सुनाई पड़ रही थी और टॉर्च की रोशनी में फर्श पर उनके बैठने का तरीका स्टेडियम की तरह साफ दिख रहा था। मैं उस नाटे कद के आदमी को पहचान नहीं सका, जो हमारे कमरे में खड़ा था। उसने किसी भूत की तरह दबे पाँव हमारे कमरे की परिक्रमा की। आखिर में पंखे की करकराहट किसी घायल जानवर की तरह धीरे-धीरे शांत पड़ गई। मुझे लगा कि मेरे करीब से गुजरने के दौरान उसने आँखों के कोने से मुझे देखते हुए देख लिया

था। मैं लगभग रोने ही वाला था। मेरे ठीक बगल में झुकते हुए, उसने अपना गिलास और जलते टॉर्च को फर्श पर रखा, फिर उस कपड़े को ठीक किया, जो खिड़की के टूटे गिलास के सामने लगा था। तरल पदार्थ का गंध इतना तेज था कि मेरा सिर अजीब तरीके से चकराने लगा।

उसके बाद जो कुछ हुआ वह देखकर हम सभी रो पड़ते, अगर नींद में न होते या नींद में होने का बहाना न कर रहे होते। वैंप दीदी ने चाबियों का वह गुच्छा निकाला, जिसे हमारे माता-पिता ने उन्हें दे रखा था, ताकि हमारी चाबी गुम हो जाए तो उनका इस्तेमाल किया जा सके। एक-एक कर उन्होंने हमारे लॉकर, हमारे बक्से खोले और आखिर में वे मेरे लॉकर तक पहुँच गईं।

उन्होंने उसे खोला, टॉर्च की मदद से अंदर झाँका और मेरे माता-पिता ने घर की बनी जितनी भी खाने की चीजें दी थीं, वे सब निकाल लीं। मैं उनके सामने बेबस की तरह सब देख रहा था। वह आदमी हँसने लगा, गिलास से चुस्की ली, और मेरी माँ ने जो पैक कर के दिया था, उसे चबाने लगा। मुझे ठगे जाने का एहसास हुआ। मेरे माता-पिता ने इस महिला के भरोसे मुझे छोड़ा, ताकि यह मेरी देखभाल करे और यह क्या कर रही है, मेरी चीजें चुरा रही है। मैं एक बेचारा, नेत्रहीन लड़का था, लेकिन इसने तो अनैतिकता की हद कर दी, उन लोगों की चीजें चुराईं, जिन्होंने आप पर पूरे दिल से भरोसा किया और इससे भी बुरा यह कि वे इसके खिलाफ कुछ कर भी नहीं सकते।

उसने गिलास को फिर से भर लिया, अपने आप से बड़बड़ाते हुए कुछ कहा, और मेरे बॉक्स से कुछ निकाला। मुझे घिन आने लगी। करीब एक घंटे बाद वह आदमी चला गया और महिला थककर सो गई। इस बात को मैंने अपने मन में दबाए रखा है। मैं लगभग रो रहा था। मैं अपने बक्से को बंद कर देना चाहता था, जो पहले ही लूटा जा चुका था, लेकिन अगली लूट के लिए खुला छोड़ दिया गया था। लेकिन मैं डर गया। वह मुझे मार सकती है, बुरी तरह मार सकती है, मैंने अपने आप से कहा। मैंने आखिर में सोचा कि मेरी जिंदगी बक्से में पड़ी सारी मिठाइयों से ज्यादा कीमती है। मैंने अपना ध्यान कहीं और लगाने की कोशिश की, लेकिन उस रात मैं सो नहीं पाया।

अगली सुबह नल के खुलने और चारों तरफ बहते पानी के साथ हुई। सारे नल खुले हुए थे, लेकिन वैंप दीदी ने एक बार भी उन्हें चेक नहीं किया था। आखिर में वे उठीं और हम सबके नाम पुकारे, ताकि देख सकें कि हम पहले से जाग रहे हैं या नहीं। कोई जवाब नहीं मिला तो चोरी-चुपके उन्होंने सारी चीजों को व्यवस्थित किया, जिनका इस्तेमाल बीती रात किया था। बक्सों को भी बंद कर दिया। वे मेरे पास आईं और मेरे सिर पर यह सोचते हुए हाथ रखा कि मैं सो रहा था। उनके गुस्से से बचने के लिए मैं उठकर बैठ गया और वे संदेह के साथ बोलीं, तुम्हारी शक्ल बता रही है कि तुम सोए नहीं थे।

फिर एक पल के लिए खामोश होने के बाद नाक-भौं सिकोड़ने का प्रयास किया। मुश्किल को सामने देख मैंने झट से कहा, 'नहीं दीदी, मैं अच्छी तरह सोया, लेकिन आधे घंटे पहले मेरे दोस्त ने पेशाब कर दिया और मेरी नींद खुल गई।' मैंने अपने दावे को सच साबित करने के लिए अपनी पतलून दिखाई।

उन्होंने मेरे गाल खींचे और जाने दिया। इतनी आसानी से बच निकलने के बाद मैंने राहत की साँस ली।

एक नया दिन शुरू हुआ। एक बार फिर हम नहाने के लिए लाइन में खड़े हुए, लेकिन आज वे एक समर्पित कार्यकर्ता के जैसा बरताव कर रही थीं। कोई गुस्सा, फिरकी या डाँट नहीं। वे जब मुझे नहा रही थीं तब उन्होंने रात को जो किया, वह सोचकर मैं काँप उठा। आज वे एकदम अलग तरीके से पेश आ रही थीं। उन्होंने जिस तरीके से मेरे बक्से को तबाह किया, उसे भुलाया या माफ नहीं किया जा सकता, खासकर मैं तब बहुत छोटा बच्चा था।

मैंने कुछ खाया और क्लास के लिए निकल गया।

कुछ हफ्ते बाद स्कूल में दिन धीरे-धीरे सामान्य, लगभग सहनीय हो गए, लेकिन अकेले में मैं अकसर रोया करता था। हर कोई अकेले में रोता है; लेकिन कभी दूसरों का मजाक उड़ाने का मौका नहीं चूकता। धीरे-धीरे मैंने अपनी पहचान अपनी नेत्रहीनता के साथ कुछ संकोच सहित बनानी शुरू कर दी। मैं हमेशा सोचा करता था कि एक दिन मैं इस स्कूल से बाहर जाऊँगा और अपनी पढ़ाई के लिए किसी मुख्यधारा के कॉलेज में एडमिशन

लूँगा। मैं नेत्रहीनता से परिभाषित नहीं होना चाहता था। इस देश ने ऐसे अनेक बुद्धिमान व्यक्तियों को पैदा किया है, जो निम्नतम सामाजिक, आर्थिक और राजनीतिक पृष्ठभूमि से उठकर नेता और पथ-प्रदर्शक बने। अगर लोग हाशिए पर धकेले जाने के अन्य तरीकों से लड़ सकते हैं तो भी शारीरिक अक्षमता का बहाना नहीं बनाया जा सकता है। मैं नेत्रहीन भले ही था, लेकिन मैं अक्षमता या कोताही के लिए उसे बहाना नहीं बनाना चाहता था। वैसे भी हम अपनी किस्मत खुद लिखते हैं।

लेकिन यहाँ तो मुझे अलग ही तरह की शिक्षा मिल रही थी। मुख्यधारा में मुझे शामिल करने के लिए जो आवश्यक था, उससे एकदम अलग। मैंने फैसला किया कि बारहवीं के बाद मैं किसी बड़ी यूनिवर्सिटी में जाऊँगा। मैं भगवान् या अपनी किस्मत या अपने समाज को और नहीं कोस सकता हूँ। अगर मैं इतना गंभीर हूँ तो मुझे यह कर दिखाना होगा।

करीब एक महीने बाद वैंप दीदी ने मेरे लिए सिंगल बेड का इंतजाम कर दिया। मैं अपनी जगह हासिल कर बहुत खुश था, लेकिन इस बात को लेकर एक आशंका भी थी, क्योंकि वह बिस्तर उनके ही कमरे में था, जो हॉस्टल में हुक्म चलाने का अधिकार रखती थीं। मरता क्या न करता।

एक दिन मैंने उनसे कुछ पैसे माँगे। आपको बता दूँ कि मेरे माता-पिता ने उन्हें कुछ पैसे रखने को दिए थे और मुझे बताया था कि जरूरत पड़ने पर मैं उनसे माँग सकता हूँ। उन्हें लगता था कि वे मुझे होशियारी से खर्च करने देंगी और जब जरूरत पड़ेगी तब मुझे पैसे मिल जाएँगे। लेकिन ऐसा कभी नहीं हुआ। मैं जब भी उनसे पैसे माँगता, वे बहाने बना देती थीं। उनका रूखापन और स्वार्थी होना मुझे डराता था, लेकिन उस कमरे में अपने बिस्तर पर सोकर ही मैं उन छोटे बच्चों के मूत्र से अपने आप को बचा सकता था, जिनके साथ न चाहते हुए भी मुझे सोना पड़ा था।

एक दिन वे किसी छोटे लड़के को डाँट रही थीं, जिसने अपने क्लासमेट को गाली दे दी थी। उस दिन उन्होंने उसे रात का खाना भी खाने नहीं दिया। मुझे यह देखकर बहुत बुरा लगा था। आखिर वे इतने छोटे बच्चे को खाना

खाने से कैसे रोक सकती थीं ? मैं इस सजा और कपट को बरदाश्त नहीं कर सका। मुझे गुस्सा आ गया और मैंने कहा, 'दीदी आप भी हमें गाली देती हैं, लेकिन अपने आपको तो आपने कभी सजा नहीं दी !'

मेरी बातों से वे गुस्से से तमतमा गईं, लेकिन उस समय कुछ भी नहीं कहा। हालाँकि उनका गुस्सा ठंडा नहीं पड़ा था। मैं रात के दस बजे जब अपने बिस्तर पर गया, तब बहुत डरा हुआ था और उनसे बात करने की हिम्मत नहीं जुटा पाया। लेकिन वे अंदर-ही-अंदर सुलग रही थीं और मौके की ताक में थीं।

रात के करीब ग्यारह बजे, सख्त हाथों ने मुझे जगा दिया। मैंने आँखें खोलीं तो देखा कि वे मेरे बिस्तर के साथ खड़ी थीं। उन्होंने मुझे उठाकर खड़ा कर दिया और गाली देने लगीं। फिर दाँत पीसते हुए बोलीं, 'तुम मुझे बताओ, मैंने कब किसको गाली दी ? मैं तुम सबके लिए इतना कुछ करती हूँ और बदले में यह मिला। लांछन ! मैंने तुम्हें सिंगल बेड दिया और तुम सबके सामने ऐसी बातें करते हो। आज मैं तुम्हें तब तक सोने नहीं दूँगी, जब तक कि तुम सच-सच नहीं बता देते कि मेरे बारे में क्या सोचते हो।'

मुझे लगा कि वे भी थोड़ी डरी हुई थीं। पहली बार किसी ने मुझ पर गौर किया था, जब मैंने किसी ऐसे की आवाज उठाई, जो खुद अपनी बात नहीं रख सकता था। इसने उन्हें डरा दिया कि लोग उन पर गैर-पेशेवर तरीके को लेकर सवाल खड़े करेंगे। मैं इतना डरा हुआ था, करीब बीस मिनट तक कुछ भी नहीं कह सका, फिर उन्होंने मुझे थप्पड़ मारा और कहा कि अगर मैं उनके बारे में जो कुछ जानता या सोचता हूँ, नहीं बताया तो वे मुझे बिजली के झटके देंगी। उन्होंने म्यूजिक सिस्टम का तार उठाया और मुझे धमकाने लगीं।

मैं अब और नहीं सह सकता था। मैं रोने लगा और उन्हें सबकुछ बता दिया।

गुस्सा होने की बजाय, वे क्रूर हँसी हँसने लगीं और मुझसे कहा कि मैं जो कुछ जानता हूँ, उसे अगर किसी से भी कहा तो वे बिजली के झटके लगाएँगी। मैं इतना डर गया था कि स्कूल से भाग जाना चाहता था। वैंप दीदी

मुझे ताने देती रहीं और चोट पहुँचाती रहीं।

वह रात बहुत लंबी थी।

अंतहीन, असीम घंटों के बाद, आखिरकार सूरज निकला। अब तक आँसू मेरे चेहरे पर जम चुके थे और मैं अब भी डर से काँप रहा था। हॉस्टल के बाहर छात्र ऐसे क्रिकेट बॉल से खेल रहे थे, जिससे टकराने पर आवाज निकलती थी, ताकि नेत्रहीन देख नहीं तो उस गेंद को सुन सकें। शायद अपराध बोध से या शायद रिश्वत के तौर पर उन्होंने मुझे उन पैसों में से मुझे दस रुपए दिए, जो मेरे माता-पिता ने उन्हें दिए थे। उन्होंने मुझसे कहा कि मैं अपना मुँह बंद ही रखूँ तो अच्छा रहेगा।

मैं फौरन कमरे से निकलकर भागा। मैं यह देखकर दुःखी था कि जिन बच्चों को उनके माता-पिता ने छोड़ दिया था, उनके साथ उस स्कूल में जानवरों जैसा सलूक किया जा रहा था, जिसकी जिम्मेदारी उनकी देखभाल की थी। यह हमारे ऊपर अनुशासन नहीं, टॉर्चर था। शुक्र इस बात का है कि ऐसे स्कूलों में एक वैंप दीदी के साथ ही दो ऐसे स्टाफ होते हैं, जो हमारे साथ गरिमा और सम्मान का व्यवहार करते हैं। अकसर शिक्षक ऐसा प्रयास करते थे कि उन छात्रों को अपने-अपने घर ले जाएँ, जिनके परिवारों ने अपनी सुविधा के लिए उन्हें भुला दिया था। लेकिन हैरानी इस बात की है कि छात्र कभी अपने परिवारों के लिए रोते या जिद नहीं करते थे। शायद अपने घरों में अपने प्रिय लोगों की बजाय वे स्कूल में अनजान लोगों से अपमानित होना कहीं बेहतर समझते थे। यह स्कूल कई गरीब परिवारों के लिए अपने-अपने बच्चों को ला पटकने की जगह थी, ताकि कम-से-कम उन्हें दो वक्त की रोटी मिल सके। इसके साथ ही हमारी पितृसत्तात्मक और पुरातन सोच के कारण लड़कियों की दशा सबसे बुरी थी। यहाँ तक कि नेत्रहीन छात्र भी उन्हें सहानुभूति और संवेदना की नजर से देखते थे। हालाँकि मुझे इसमें शक है कि हम में कई इस नजरिए इसे नहीं देखते थे कि आखिर क्यों उनके परिवार वाले छुट्टियों में भी उन्हें वापस ले जाने कभी नहीं आते थे। ऐसे भी कुछ छात्र थे, जो स्कूल से यह जाने बिना ही भाग गए कि वे कहाँ जा रहे हैं और

कुछ महीने बाद ऐसी जगहों पर पाए गए, जहाँ भगवान् न करे कि कोई जाए। अच्छे घरों से आनेवाले छात्रों से अकसर सब नफरत करते थे, क्योंकि गरीब छात्रों की तादाद ज्यादा थी। दुःख की बात है कि नेत्रहीनों के बीच भी एक तरह की जाति व्यवस्था थी, जो पैसे और प्रभाव पर आधारित थी।

गरमियों की छुट्टी में पहली बार घर जाना मेरे लिए रोमांचक था, क्योंकि मेरे चचेरे भइया मुझे लेने आए थे। अब तक मेरे भाई-बहन अलग-अलग स्कूलों में एडमिशन ले चुके थे। वे अकसर अपने-अपने संस्थानों की प्रतिष्ठा और अंग्रेजी माहौल को लेकर बड़ी-बड़ी बातें करते थे। वे जब गाँव के घर, शादी-ब्याह, जन्मदिन की पार्टियों, स्कूल के उत्सवों आदि में जाते थे तब मुझे अफसोस होता था कि क्यों मैं इतने अच्छे संस्थानों में नहीं पढ़ सका। नतीजा यह हुआ कि मैंने छुट्टियों के दो महीने डरते-डरते काट दिए कि मुझे फिर से अपने स्कूल जाना पड़ेगा। मैं अकसर रात को सपने में यह देखकर रोता था कि मैं अपने स्कूल लौट आया हूँ। एक बार मैं कमरे में अपने भाई के साथ सो रहा था और अचानक नींद खुली तो यह देखकर बेहद खुशी हुई कि मैं अपने ही घर में था।

हैप्पी हिल में समय गुजरने लगा। मैं बड़ा हो रहा था और एक व्यक्ति के रूप में परिपक्व होता जा रहा था। गरमी की छुट्टियाँ खत्म हुईं। एक नए सत्र की शुरुआत हुई। एक बार फिर आँखों में आँसू और होंठों पर प्रार्थना के साथ मैं स्कूल में आया। लेकिन इस साल सबकुछ पहले जितना बुरा नहीं था या शायद मैं हॉस्टल के जीवन का अभ्यस्त हो चुका था। यही नहीं, सबसे बड़ी राहत यह खबर सुनकर मिली कि वैंप दीदी को हॉस्टल से कहीं और भेज दिया गया है। मैं खुश था कि वे अब मुझे बिजली के झटके नहीं दे सकेंगी या रात को अपनी दुष्टता का परिचय नहीं दे पाएँगी।

दिन पंख लगाकर उड़ने लगे। मैंने अपने कपड़े धोना, बिस्तर ठीक करना, लॉकर व्यवस्थित करना और जो थोड़े-बहुत पैसे मेरे पास थे, उन्हें सँभलकर खर्च करना सीख लिया। इसी दौरान मैं उनसे मिला, जिनके प्रति मैं पहली बार आकर्षित हुआ था।

वे टीचर ट्रेनी थीं, जो हमारे स्कूल में दृष्टि की बाधा को अच्छी तरह समझने आई थीं। चूँकि वे मुंबई से आई थीं, इसलिए मैं अकसर उनसे फिल्मी हस्तियों के बारे में बातें करता था। हर दिन वे कम-से-कम एक कुकी लेकर आती थीं और मुझे हमेशा उनका इंतजार रहता था।

वे ऐसी पहली सबसे अधिक आत्मविश्वास से भरी, खूबसूरत और मेहनती महिला थीं, जिन्हें मैंने अपने जीवन में देखा था। कुछ दिन बाद मुझे पता चला कि वे तलाकशुदा हैं। लेकिन एक महीने बाद मुझे बताया गया कि बेंगलुरु में उनका एक ब्वॉयफ्रेंड है। वैसे भी लार टपकाए घूमनेवाले किशोर लड़कों से वह हॉस्टल भरा था, जहाँ खबर जंगल की आग की तरह फैल जाती थी।

मुझे उनके पढ़ाने का अंदाज और आकर्षक व्यक्तित्व पसंद था। एक दिन रविवार की शाम, वे मुझे गार्डन में लेकर गईं, जहाँ एक बुजुर्ग आदमी, जो पचपन वर्ष से कम का नहीं होगा, उनका इंतजार कर रहा था। मुझे लगा कि वे उनके पिता होंगे, फिर समझ गया कि वे उनके ब्वॉयफ्रेंड थे। मुझे अचानक अपने दिल में एक बहुत बुरी सी हलचल का एहसास हुआ।

वे मुझे देखकर उदारता से मुसकराए, मुझे तोहफे में एक पेन दिया और चले गए। फिर भी मुझे बहुत बुरा लगा, पता नहीं क्यों। उस आदमी ने मेरे साथ अच्छा व्यवहार किया, लेकिन मेरे यौवन ने उन्हें एक ऐसे लेंस से देखने पर मजबूर कर दिया, जिसने उनकी दयालुता को विकृत कर दिया।

मुझे आज भी याद है कि उस दिन मुझे कैसा लगा था। कुछ देर तक चुप रहने के बाद, मैंने पूछा था, 'अच्छा, तो वे आपके ब्वॉयफ्रेंड थे?'

'हाँ।'

मैंने दबी चीख के साथ कहा, 'वे तो आपके पिता जैसे लग रहे थे।'

वे मुसकराने लगीं, मेरे हाथ को अपने हाथों में पकड़ा और बोलीं, 'क्यों, तुम्हें अच्छे नहीं लगे?'

'मैंने यह कभी नहीं सोचा कि मैंने उन्हें पसंद किया या नापसंद, लेकिन आप बस सत्ताईस की हैं और मुझे पता नहीं कि उनकी उम्र क्या है, लेकिन वे तो मेरे पिता से भी अधिक उम्रदराज दिखते हैं। आप इतनी सुंदर हैं और वह…'

वे मुसकरा दीं पर कुछ कहा नहीं। उनमें गुस्सा बिल्कुल भी नहीं दिखा। शायद इस वजह से, क्योंकि मैंने सबकुछ बचकाना शिष्टता की आड़ लेते हुए पूछा था। उनका चेहरा लाल हो गया। उन्होंने अपने हाव-भाव बदले और कहा, 'ठीक है, अब से तुम मेरे ब्वॉयफ्रेंड हो और जब तुम बड़े हो जाओगे तब मैं तुम से शादी करूँगी।'

फिर वे अपने ब्वॉयफ्रेंड को मेरी ओर से नापसंद किए जाने पर हँसने लगीं।

वे अंग्रेजी पढ़ाती थीं। वे वैंप दीदी जैसी नहीं थीं, जो कठोर और भयंकर थीं। ये महिला सचमुच नेत्रहीनों के बारे में सोचती थीं, मेरे लिए और उनके लिए जो उनके मन में झाँक नहीं सकते थे। मुझे उनके साथ वक्त बिताने में बहुत खुशी होती थी। फिर कुछ महीने बाद, वे स्कूल से चली गईं। तब से ही स्त्रियों को लेकर मेरी सोच बदल गई और मैं लड़कियों को पसंद करने लगा। उनसे मिलने से पहले, मैं हमेशा यही सोचता था कि सारी महिलाएँ वैंप दीदी जैसी होती हैं, लेकिन इस महिला ने मुझे यह एहसास कराया कि सामान्यीकरण वह पहला दुश्मन है, जिससे मुझे लड़ना है।

खैर, हैप्पी हिल में जीवन आगे बढ़ता रहा। सच कहूँ तो समय सच में निकल रहा था या मैंने उसे जानबूझकर दबा रखा था। उस संस्थान में सात वर्ष बीत चुके थे। फिर भी मैं पढ़ाई पर ध्यान नहीं लगा पा रहा था। इसकी मुख्य वजह भारी-भरकम ब्रेल और दूसरी चीजें थीं, जिन्हें मैंने कभी पसंद नहीं किया। मैं बस खेलता रहा, खेलता रहा और सिर्फ खेलता रहा। परीक्षा पास करना बड़ा आसान था। नौवीं क्लास तक मैं पास करता गया, वह भी पढ़ाई को कोई महत्त्व दिए बिना ही। सिर्फ दसवीं क्लास में मैंने कड़ी मेहनत करनी शुरू की। तब तक मैं समझ गया था कि मैं अपने भाई-बहनों से बहुत ज्यादा पिछड़ गया हूँ, जो तामझाम वाले प्राइवेट स्कूलों में पढ़ते थे। भले ही अपने साथियों की तुलना में मुझे अच्छा परसेंटेज मिला था, फिर भी मैं जानता था कि मुझे नेत्रहीनों से नहीं, अपनी तुलना उनसे करनी है, जो पारंपरिक शिक्षण संस्थानों में पढ़ते हैं। मैं अब ठीक से देख न पाने का जिक्र एक बीमारी, एक समस्या और एक बाधा के तौर पर नहीं करता था। इसकी बजाय मैंने

इसे जीवन की एक सच्चाई के रूप में देखा और मुझे इसकी भरपाई अपने साथियों से अधिक मेहनत के जरिए करनी थी। शायद इस एहसास के पीछे यह सच्चाई छिपी थी कि अगर मुझे मुख्यधारा की शिक्षा या पेशे में जाना है तो मुझे अपने दम पर खड़ा होना पड़ेगा और दूसरों से अधिक मेहनत करनी होगी।

इस बीच मेरा चयन नई दिल्ली में नेत्रहीनों के पहले क्रिकेट वर्ल्ड कप के लिया किया गया। सात देशों के खिलाड़ियों ने हिस्सा लिया और वे कनिष्क होटल में ठहरे थे। ये खिलाड़ी दुनिया भर से आए थे, लेकिन दो चीजों ने उन्हें एकजुट कर रखा था। एक, वे सभी नेत्रहीन थे और यह तय किया था कि वे इसे सामान्य जीवन जीने के आड़े आने नहीं देंगे। दूसरा, हम सब क्रिकेट को लेकर पागल थे। एक तीसरी बड़ी बात भी थी, हम में से कई लड़के थे, जो वयस्क होने की कगार पर थे। खेल के मैदान में और उससे बाहर कैसे स्कोर किया जाए, यह चर्चा में बार-बार उठनेवाला विषय था। चूँकि मैं वर्ल्ड कप (कनिष्क) में शामिल होनेवाला सबसे कम उम्र का खिलाड़ी था, इस कारण खिलाड़ी मुझे अकसर यह पूछकर चिढ़ाते थे कि मेरी कोई गर्लफ्रेंड है या नहीं। एक बार मैंने ऑस्ट्रेलियाई खिलाड़ी, माइकल डिंकी और उनकी पत्नी को बताया कि मैं जब चौथी क्लास में था तब मेरी एक गर्लफ्रेंड थी, जो मुंबई की एक खूबसूरत महिला थी। मैंने उनसे कह दिया कि वे मेरा मजाक न उड़ाएँ। उन्हें मेरी बात पर यकीन नहीं हुआ और वे मुझ पर हँसने लगे। कुछ देर में मैं भी हँस पड़ा।

जीवन भर मैं इस स्कूल से भागना चाहता था, लेकिन जैसे ही मुझे वह अच्छा लगने लगा, समय मेरे रास्ते में आ गया, जो इतनी तेजी से निकला कि स्कूल के दिन अचानक खत्म हो गए। स्मृतियाँ इकट्ठा होने लगीं और फिजूल की घटनाएँ भी याद आने लगीं। जैसे एक बार मैं अपने बोर्ड की परीक्षा की तैयारी के लिए स्कूल में ही रुक गया। उस समय मैं बिल्कुल अकेला था। यह मेरी बहुत बड़ी गलती साबित हुई। मैंने यह कहकर घर जाने से मना कर दिया कि मैं यहाँ रहकर परीक्षा की तैयारी करूँगा और अच्छे नंबर लाऊँगा, लेकिन यह भूल गया कि अकेले रहने का मतलब क्या होता है। छुट्टियाँ शुरू हो गई थीं और लगभग हर कोई अपने-अपने घर जा चुका था। बिल्डिंग में

कुत्तों के भौंकने और नल से टपकती बूँदों के जमीन पर गिरने की आवाज के सिवाय और कुछ सुनाई नहीं देता था। रात को मैं अकसर नंगे पाँव किसी के गलियारे में चलने की आवाज सुनता था। मेरे मन में एक अजीब सा निर्वात भर गया था। सुनसान गलियारे और मेहराब मनहूस खामोशी लिये ऐसे खड़े थे, मानो पूरी दुनिया मुझे घूर रही हो और मेरा फैसला सुनाने वाली हो।

एक दिन मैं खाना खाने के बाद पानी भर रहा था, तभी चौकीदार आया और कानों में फुसफुसाते हुए मुझसे कहा कि मुझे घर चले जाना चाहिए। मैंने हाँ में सिर हिला दिया और अपनी डॉरमेट्री में लौट आया।

दो दिन बाद जब मैं उससे मिला तो उससे पूछा कि उसने मुझे घर जाने को क्यों कहा था। उसने मुझे हल्का सा झकझोरा और बोला, 'बाबू मैं एक हफ्ते बाद आया हूँ, मैं आपको घर जाने के लिए कैसे कह सकता था?'

मैंने उसे उस घटना के बारे में नहीं बताया, लेकिन उसके बाद मुझे हॉस्टल में रहने में डर लगने लगा। इसके बाद मेरा स्वास्थ्य तेजी से गिरने लगा और बाद में डॉक्टरों ने बताया कि मैं एक प्रकार के कैंसर से पीड़ित हूँ। क्या बात है, मैंने अपने आप से मजाक में कहा, अब तक मैं नेत्रहीन था और अब कैंसर से मरनेवाला हूँ! हालाँकि मुझे आश्चर्य नहीं हुआ। हर साल दसवीं का एक छात्र मेरे स्कूल में मर जाता था। मैंने सोचा कि इस बार मेरी बारी है। शुक्र था कि दहशत में कुछ दिन जीते रहने के बाद पता चला कि वह जाँच गलत थी और मैं बच गया।

दूसरी घटना ने मुझे और भी हिलाकर रख दिया। मैंने एक अथॉरिटी लेटर जमा किया था कि मैं अकेला ही घर जाऊँगा और अपने माता-पिता को चौंका दूँगा। मैं यह साबित करना चाहता था कि मैं कोई बोझ नहीं हूँ और सुविधाएँ मिलें तो एक विकलांग व्यक्ति कहीं-से-कहीं जाने की क्षमता रखता है। अपनी महान् खोज से उत्साहित होकर मैं एक दोस्त के साथ दिल्ली गया और वहाँ पटना जानेवाली श्रमजीवी एक्सप्रेस में सवार हो गया। मैं अकेले ही मिलिटरी कंपार्टमेंट में सफर कर रहा था, क्योंकि मुझे पता नहीं था कि रिजर्व सीट कैसे मिलेगी। दुर्भाग्य से सामान्य डिब्बा पूरी तरह भरा था और मैं एक पैर भी नहीं रख सकता था।

ट्रेन जब चलने लगी तब मेरे सामने जो पहला कंपार्टमेंट आया, मैं उसमें सवार हो गया। इसमें सेना के जवान भरे थे। मुझे बाथरूम के करीब एक सीट मिली और मैं बैठ गया। यह सोचकर खुश था कि आखिरकार अकेले सफर करने के अपने इरादे में कामयाब हो गया था, वह भी नेत्रहीन होते हुए। मुझे गुमनाम होना, स्वीकार किया जाना और एक विसंगति के रूप में न देखा जाना अच्छा लगता था।

एक और आदमी, जो सिविलियन था, वह मेरे ठीक बगल में बैठा था। शायद उसे भी रिजर्वेशन नहीं मिला था। बाथरूम से आ रही दुर्गंध बहुत तेज थी, लेकिन बरदाश्त की जा सकती थी। यह हैप्पी हिल में बिताए दिनों का ही कमाल था और यह बात भी थी कि गरमी के चलते ट्रेन के दरवाजे खुले हुए थे।

अचानक एक सेना का जवान आया और शराब के नशे में चूर, गुस्से से चीखने-चिल्लाने लगा। वह उस सिविलियन से लड़ने लगा, जो मेरे बगल में बाथरूम के करीब बैठा था। हम ट्रेन के फर्श पर बैठे थे और किसी को परेशान भी नहीं कर रहे थे, फिर भी उसने हमें गालियाँ देनी शुरू कर दीं। मेरा हमसफर 30 साल के आसपास का रहा होगा। उसने कुछ भी नहीं कहा, लेकिन नशे में धुत्त सेना के उस जवान ने उसे ट्रेन से बाहर फेंक दिया!

मैं डर गया। मैंने सोचा ट्रेन से बाहर जाने की अब मेरी बारी है। सेना का जवान मुझसे दोगुना था और उसे भगवान् ने आँखें भी दे रखी थीं। मेरे साथ वह क्या करेगा? मैं वहाँ से भाग सकता था, लेकिन मैंने सोचा कि अब बहुत हो गया। कहीं-न-कहीं एक लकीर खींचनी पड़ेगी। हाँ, ठीक है कि मैं बिना रिजर्वेशन इस कंपार्टमेंट में सफर कर रहा हूँ, लेकिन इस कारण, क्योंकि पूरी ट्रेन ठसाठस भरी थी और पूरी कोशिश के बाद भी मुझे सीट नहीं मिली थी। और फिर अगर उसे कोई दिक्कत थी तो वह हमें अच्छी तरह बता सकता था और हम दूसरे कंपार्टमेंट में चले जाते। मुझे यह अच्छा नहीं लगता था कि कोई किसी पर अपनी मरजी जबरदस्ती थोपे।

मैंने तय कर लिया था कि अगर धक्का देकर मुझे फेंकने की कोशिश की जाएगी तो मैं लड़ूँगा। मेरा शरीर नर्वस हो गया और गुत्थम-गुत्था की

लड़ाई के लिए तैयार भी हो गया। जैसे ही उसने मुझे लात मारी, मैंने देखा कि वह खुद भी किसी भी समय ट्रेन से नीचे गिर सकता था। उसने इतनी ज यादा शराब पी रखी थी। वह दरवाजे से बाहर झाँकने के साथ ही मुझे गालियाँ देने लगा और फिर से मुझे लात मारी। मैं उस पर टूट पड़ा और तब तक उसे घूँसे मारता रहा, जब तक कि लोगों ने मुझे रोक नहीं लिया।

मैं विजेता की तरह देख रहा था और वह आदमी होश खो बैठा। यह शायद शराब का असर था, लेकिन मैं यह मानना चाहूँगा कि उसके सिर पर मेरे वार का असर था।

सेना के दूसरे जवानों ने देखा कि मैंने क्या कर दिया। पहले तो वे अपने साथी को उसकी सीट तक ले गए, फिर उसके व्यवहार के लिए माफी माँगी और फिर सेना के किसी उदार आत्मा ने मुझे अपना ऊपर का बर्थ दे दिया, ताकि मैं सो जाऊँ और सामान्य हो जाऊँ, जबकि वह खुद फर्श पर बैठ गया।

इस घटना ने मुझे सिखाया कि किसी को भी अपने से बड़े (आकार, पद और बैंक बैलेंस के लिहाज से) को देखकर यह नहीं समझ लेना चाहिए कि वे आपसे ताकतवर होंगे या जो करेंगे हमेशा सही करेंगे। कभी-कभी इनसान को अपनी इज्जत के लिए लड़ना भी पड़ता है। मैं जीवन भर इसके लिए लड़ता रहा। वह आदमी मुझसे सीधे-सीधे आकर कह सकता था और मैं कंपार्टमेंट से चला जाता। लेकिन उसकी यह सोच मेरे मन में चुभ गई कि उसके पास पद और वरदी है, जिसने उसे देश की तमाम, गरीब बहुसंख्यक जनता के ऊपर असीम अधिकार दे दिया। सेना के दूसरे लोगों ने अपने साथी की गलती को समझा और उसके व्यवहार के लिए माफी माँगी। अपनी दयालुता से उन्होंने मेरा दिल जीत लिया। उनके जैसे पुरुषों और स्त्रियों ने न केवल हमें सुरक्षित रखने के लिए अपनी जान दी, बल्कि उनमें इतना विनय था कि उन्होंने अपने नशे में धुत्त साथी की गलती को स्वीकार किया। उन्होंने मुझे बर्थ और कुछ खाने को भी दिया, ताकि मैं अकेले घर जा सकूँ और अपने माता-पिता को दिखा सकूँ कि मैं एक बोझ नहीं हूँ।

रेलवे के साथ मेरे सबक अभी पूरे नहीं हुए थे। भारतीय रेल के सामान्य डिब्बे ने मुझे न जाने कितनी बातें सिखा दीं और उनमें से सबसे अहम यह

थी कि मुझे जीवन में अप्रत्याशित घटना से जूझना सिखाया। यह चरित्र और वास्तविक साहस की असली परीक्षा थी। व्यक्ति को बिना किसी सीट, रोशनी और पानी के जीना पड़ता है और अपने शरीर की क्रियाओं को काबू में रखना पड़ता है। इन सबसे भी कहीं अधिक आपको माहिर ठगों, झगड़ों और ट्रेन की देरी से भी बचकर रहना पड़ता है। ऐसी परिस्थितियों में यदि कोई नेत्रहीन है तो लोग आपको आसान शिकार समझते हैं और तोड़ने की कोशिश करते हैं। उन्हें यह बताना मेरा काम था कि मैं भले ही नेत्रहीन था, लेकिन आसान शिकार नहीं था। मेरे अंदर अपने आप को और अपने सम्मान की रक्षा करने की क्षमता थी, ताकि ऐसे लोग किसी और आसान शिकार पर टूटने से पहले सौ बार सोच लें।

संभवत: भारतीय रेल के डिब्बों में सफर का मेरा यही अनुभव था, जिसने मुझे उन अनुभवों को भारतीय रेलवे बोर्ड के पूर्व चेयरमैन, श्री विवेक साई के साथ साझा करने के लिए प्रेरित किया। वे ऐसी घटनाओं के बारे में जानते थे। मैंने उनसे आग्रह किया कि अलग रूप से सक्षम लोगों के लिए निर्धारित बोगियों पर निरंतर निगरानी रखी जाए और ऐसे लोगों को मिलनेवाली रेलवे की छूट को राजधानी तथा अन्य तेज रफ्तार वाली ट्रेनों में भी दिया जाए। उन्होंने पूरी ईमानदारी और गजब की बुद्धि के साथ दोनों कार्यों को पूरा किया। हालाँकि जब सामान्य डिब्बों की बात आई, तब वे भी लाचार हो गए और सारी बातों के लिए बेहिसाब रफ्तार से बढ़ रही हमारी आबादी को जिम्मेदार ठहराया। मैं उनकी बात समझ गया, लेकिन मैं उम्मीद करता हूँ कि जन सामान्य और अलग रूप से सक्षम लोगों के लिए कुछ और किया जाए।

खैर, उस दिन मैं सबसे ज्यादा खुश था, जब मैं स्कूल से निकला। कॉलेज मेरा इंतजार कर रहा था। दिल्ली मेरे रग-रग में दौड़नेवाली थी।

□

7

पिल्ले बनाम इनसान

वह आई.आई.टी. से पढ़ा था।

मैंने अपने ठंडे पेय का एक लंबा घूँट लिया और डूबते सूरज को कनखियों से देखने लगा। मैं अपने पुराने साथी, विनोद और जीतेंद्र के साथ जे.एन.यू. के पार्थसारथी रॉक्स के ऊपर समय बिता रहा था।

विनोद ने मेरी तरफ देखा और अपनी बात दोहराई।

'तुम यहाँ पढ़ते क्या हो?'

'मॉडर्न इंडियन हिस्टरी,' मैंने झट से कहा।

'कोई फायदा है इसका?' उसने मासूमियत से पूछा।

मैंने नथुने फड़काए और कहा, 'सेंटर फॉर हिस्टॉरिकल स्टडीज भारत की सबसे जानी-मानी जगहों में से एक है। रोमिला थापर, बिपन चंद्र और सतीश चंद्र जैसे इतिहासकार यहाँ पढ़ा चुके हैं।'

विनोद कुछ देर के लिए रुका और फिर पूछा, 'लेकिन हिस्टरी मॉडर्न कैसे हो सकती है?'

उसके सवाल ने मेरे दिमाग पर इतनी गहरी चोट की कि मैं उस चट्टान से गिरते-गिरते बचा, जिस पर बैठा था।

'क्या हम अब भी आदिम युग में जी रहे हैं?' मैंने घूरते हुए पूछा।

विनोद और जीतेंद्र मुझसे मिलने जे.एन.यू. आए थे और उनके सवालों

ने मुझे सोचने पर मजबूर कर दिया। आपकी जानकारी के लिए बता दूँ कि विनोद एक सहृदय, शांत और विनम्र आई.आई.टी.-आईआईएम से पढ़ा शख्स था, जबकि जीतेंद्र एक मस्तमौला, मजाकिया नौजवान था, जिसका दिल बहुत बड़ा था।

वह पीएसआर के आसपास भटकता रहता था, विमानों को उड़ते और उतरते देखता था। उसके बात करने का अंदाज बड़ा विचित्र था, जैसी बातचीत केवल दोस्तों के साथ ही की जा सकती थी।

आखिरकार, इधर-उधर की बातों के बाद हमने वहाँ से जाने का फैसला किया। प्लास्टिक के गिलास, बोतल, कैन और नमकीन के रैपर एक कचरे के बैग में इकट्ठा किए गए और हमने किसी ढाबे पर जाकर कुछ खाने का मन बनाया। रास्ते में हमें कहीं दूर मधुर आवाजों में कुछ लोगों के गाने की आवाजें सुनाई पड़ीं।

मेरे दोस्तों के कदम वहीं जम गए। उन्होंने उत्तेजना में इशारा करते हुए कहा, 'लड़कियाँ, लड़कियाँ लड़कों के साथ गा रही हैं।'

'तो ?' मैं समझ नहीं पाया कि इसमें बड़ी बात क्या है।

फिर मुझे एहसास हुआ कि इंजीनियरिंग कॉलेज में सबकुछ अलग होता है। मेरे दोस्तों ने मुझे बताया कि आई.आई.टी. में लड़कियों का साथ पाना कितना मुश्किल होता है। उन्होंने बताया कि इन संस्थानों में लड़कियों की तादाद बहुत कम होती है। उन्हें इस बात का मलाल था कि इतनी मेहनत करने के बाद भी उन्हें खूबसूरत चेहरों का साथ नहीं मिल पाता है। यही वजह थी कि विनोद और जीतेंद्र ने दिन-रात खुले रहनेवाले जे.एन.यू. कैंपस के 24×7 ढाबा के रास्ते में जिसे भी लड़कियों के साथ देखा, उसे मन-ही-मन गाली देते रहे। मैंने सोचा कि उन्हें डाँट दूँ, फिर उनके नजरिए से देखा और चुप रह गया।

हमने सूप, रोस्टेड चिकन और गरमागरम नान से जमकर पेटपूजा की, वह भी सुबह के 2.30 बजे (हाँ, यह भी एक कारण है कि मुझे अपने मातृ संस्थान से इतना लगाव है), फिर जल्दी-जल्दी दोस्तों को कावेरी हॉस्टल ले

गया, ताकि हम आराम कर सकें। आई.आई.टी. के मेरे दोनों दोस्त घूमने के लिए जे.एन.यू. आए थे और मेरे मेहमान थे, लिहाजा मैंने उन्हें अपने साथ ही रखने का फैसला किया।

मेरा कमरा ग्राउंड फ्लोर पर था और उसके दो दरवाजे थे। एक दरवाजा मेन था, जो हॉस्टल के अंदर खुलता था, जबकि दूसरा उस बालकनी में खुलता था, जिसके ठीक सामने हॉस्टल की चारदीवारी थी। दोनों ही रास्तों से बाहर निकला जा सकता था। हमने कमरे के दोनों दरवाजों को बंद कर दिया, ताकि रात को वार्डन की अचानक होनेवाली चेकिंग से बचा जा सके। दिलचस्प यह है कि आपको जिस बात का डर सबसे ज्यादा रहता है, वही सच में भी हो जाता है। उस दिन (या रात को) हमारे वार्डन ने उन लोगों को सबक सिखाने की ठानी, जिन्होंने अवैध मेहमानों को पनाह दे रखी थी।

चेकिंग इस तरीके से शुरू हुई। सारे गेट बंद कर दिए गए और वार्डन अपनी चौंकानेवाली सेना लेकर आया, जिसमें सुरक्षा का जिम्मा सँभाल रही G4S कंपनी के दिहाड़ी पर रखे गए गार्ड थे। उन्होंने पूरे हॉस्टल को घेर लिया और आने-जाने के तमाम रास्तों पर तैनात हो गए। चूँकि हमारे दरवाजे बाहर से बंद थे, इस कारण उन्हें कमरे में हमारी मौजूदगी को लेकर शक नहीं हुआ। लेकिन दूसरे दरवाजों पर जोर-जोर से दी जा रही दस्तक ने हमें जगा दिया। हम सुरक्षा जाँच के दौरान हो रही सारी बातों को समझ रहे थे और एक-दूसरे को बधाई दे रहे थे कि हम चालाकी से मोटे फाइन से बच गए!

सुबह के 4 बजे इस सारे रोमांच के बीच जीतेंद्र अपने आप को रोक नहीं सका और किसी लड़की की तरह चीख उठा। हम सभी डर गए और उसे कसकर तमाचा जड़ दिया। सिक्यॉरिटी गाड्र्स ने यह सब सुन लिया और उन्होंने कमरे को घेर लिया। मैंने जीतेंद्र को फिर से लात मारी और इस बीच बाहर बड़ा ताला लगा होने के बावजूद गार्ड दरवाजा खटखटा रहे थे। हम बिस्तर के नीचे छिप गए, क्योंकि कमरे के ऊपर की खिड़की से गार्ड टॉर्च की रोशनी डाल रहे थे। गार्ड अंदर झाँकने की पूरी कोशिश कर रहे थे और हम बिस्तर के अंदर छिपने की, ताकि कोई देख न ले।

हम सब अपनी हँसी को रोकने की जी–तोड़ कोशिश कर रहे थे, जबकि वार्डन और उसके गार्ड अगले कदम पर चर्चा कर रहे थे। चूँकि कमरे में अँधेरा था, इस वजह से वे किसी नतीजे पर नहीं पहुँच सके। हम जीतेंद्र को मार डालनेवाली नजर से देख रहे थे, जिसने इतनी बड़ी मूर्खता कर दी थी। आखिरकार वार्डन ने मेन दरवाजे को सील कर दिया, लेकिन शुक्र था कि पीछे का दरवाजा खुला रहा।

हम पूरी रात सो नहीं सके और टॉर्च की रोशनी में ताश खेलते रहे। लेकिन जीतेंद्र पर नजरें गड़ी रहीं, जिसने सिक्यॉरिटी गाड्र्स को चैलेंज करने की बेवकूफी की थी।

अगली सुबह पूरे हॉस्टल में यह चर्चा थी कि कौन बचा और कौन पकड़ा गया। मैंने एक दोस्त को फोन कर बुलाया और कहा कि ताला खोल दे। वह आया, हैरानी से मुझे देखा और दरवाजा खोल दिया। अब तक मेरे दोस्तों को भूख लग चुकी थी। हमने चाय पीने के लिए गोदावरी जाने का फैसला किया। मैं जैसे ही बाहर निकला, अपने हॉस्टल प्रेसिडेंट को अपना नाम पुकारते सुना।

वह मेरी ओर देखकर हाथ हिला रहा था, उसने मुझे सबसे दूर अकेले में ले जाकर बताया कि वार्डन ने कल रात मेरे कमरे से किसी लड़की की चीख सुनी थी। वह बहुत डरा हुआ लग रहा था। फिर उसने पूछा कि मैं कहाँ था और मैं ठीक हूँ या नहीं। उसकी चिंता को मैं और बरदाश्त नहीं कर सका और हँसने लगा। जीतेंद्र और विनोद भी कुछ दूर से मुझे देखकर मुसकराने लगे। वे भी समझ गए थे कि बातचीत किस बारे में हो रही थी।

मेरे हॉस्टल प्रेसिडेंट को यह अच्छा नहीं लगा। उसे लगा कि मैं खिसक गया हूँ। मुझसे रहा नहीं गया और मैंने उसे सबकुछ बता दिया। उसने जब सुना कि क्या कुछ हुआ था तो वह भी हँसने लगा। इस तरह की बातें मुझे एहसास दिलाती हैं कि हमने पढ़ाई में जो कुछ सीखा, उससे कहीं ज्यादा अच्छी तरह ऐसी पागलपन वाली घटनाएँ याद रह जाती हैं।

मेरे साथ आए दोस्तों ने चाय और समोसा मँगवाया और चटखारे लेकर

खाया। वे बड़े गुपचुप तरीके से हमारे आस-पास मौजूद खूबसूरत लड़कियों को घूर रहे थे।

हम ठीक ढाबे के सामने बैठे थे। हमारी बाईं तरफ गोदावरी था, जो लड़कियों का हॉस्टल था और दाहिनी तरफ पेरियार था, जो लड़कों का हॉस्टल था। अगर आपने इस पर गौर नहीं किया तो आपको बता दूँ कि जे.एन.यू. के हॉस्टल के नाम नदियों के नाम पर रखे गए हैं। उसी तरह जैसे आई.आई.टी. (दिल्ली) में उनके नाम पर्वत शृंखलाओं के नाम पर हैं।

जब हम तीनों चाय की चुस्कियों के साथ बातचीत कर रहे थे तब हमने कुछ पिल्लों को प्यारी-प्यारी हरकतें करते देखा, ताकि उन्हें किसी भी तरह कुछ खाने को मिल जाए। मेरे दोस्त जब एक खास खूबसूरत लड़की को घूरने में व्यस्त थे, तभी एक पपी आया और हमारी प्लेट पर कूद गया। अपने मुँह में हमारा नाश्ता दबाकर भाग निकला।

मेरे दोस्त अब तक इतने मशरूफ थे कि उन्हें पता भी नहीं चला कि फूड चेन में किसी ने उनके नीचे से उनका खाना उड़ा लिया, लेकिन मैं सच कहता हूँ कि मैंने उस छोटे, भूरे रोएँदार गेंद को अपने करीब आते देखा और अपने प्लेट के पास आकर अपना मुँह खोलते देख लिया था। मैं चीख पड़ा और उसे भगा दिया। मुझे कुत्ते अच्छे नहीं लगते। पता नहीं कहाँ से आएँ और काट लें।

हालाँकि उस दिन से मेरे दोस्त पिल्लों से नफरत करने लगे। इस कारण नहीं कि उन्होंने हमारा नाश्ता चुराया, बल्कि इस कारण क्योंकि उन्होंने किसी और का ध्यान अपनी ओर खींचा। विनोद और जीतेंद्र को समझ आ गया कि वहाँ खड़ी लड़कियाँ प्यार भरी नजरों से उन्हें नहीं, बल्कि उन पिल्लों को देख रही थीं। वे यह देखकर हैरान रह गए कि लड़कियों ने दुकान से कई सारी चीजें खरीदीं और फिर उन्हें पिल्लों को खिला दिया। फिर लड़कियों ने उन पिल्लों को अपनी बाँहों में भर लिया, उन्हें गले लगाया और चूम लिया।

'बस बहुत हो गया!' जीतेंद्र ने विनोद को कोहनी मारी और धीरे से कहा, 'मुझसे अब और नहीं देखा जाता!'

विनोद का चेहरा उतर गया।

'क्या हुआ?', मैंने उत्सुकता से पूछा।

'मुझे एक लड़की नहीं मिली, जो मुझे चाहती हो और अब मैं जान गया हूँ कि क्यों। सारी लड़कियाँ कुत्तों से प्यार करने में बिजी हैं। हम बेचारों का क्या होगा?' जीतेंद्र ने अफसोस जताते हुए कहा।

विनोद ने पूछा, 'लड़कियों और कुत्तों का चक्कर क्या है?'

जीतेंद्र का अहम यह स्वीकार नहीं कर सका कि एक खूबसूरत महिला ने उसकी तरफ अनमने ढंग से देखा और फिर एक पिल्ले को चूम लिया। ढाबे के सामने की सीढ़ियों पर अपनी जगह से जीतेंद्र गुस्से में उठा और एक पपी को उठा लिया। वह उस भूरे पपी से खेलने लगा, जो उसकी पकड़ से निकलकर भाग जाना चाहता था।

'माई बेबी!' जीतेंद्र ने ऊँची आवाज में कहा और उन लड़कियों के सामने ही पपी को गले से लगा लिया, जो कुत्तों को खिलाने में व्यस्त थी। 'माई डार्लिंग! तुम कितने अच्छे हो!'

इस समय ढाबे के आस-पास मौजूद पिल्लों से खेलती हर लड़की रुक गई और घूरकर जीतेंद्र को देखा।

मेरे होश उड़ गए। 'शीश्श...' मैंने तुरंत विनोद को इशारा किया, 'रोको इस मूर्ख को! GSCASH लगवाएगा! ये हमें कैंपस के जेंडर सेंसिटिविटी सेल के चक्कर में फँसा देगा!'

एक अच्छी बात जे.एन.यू. की है कि यहाँ लिंग की समानता और प्रगतिशीलता है। कोई भी किसी महिला से छेड़छाड़, उसे सताने, यहाँ तक कि घूरने की भी हिम्मत नहीं कर सकता है। अगर महिला शिकायत जीएसकैश (जेंडर सेंसिटाइजेशन कमेटी अगेंस्ट सेक्सुअल हैरसमेंट) से शिकायत कर दे तो आरोपी बीते जमाने की बात हो जाएगा। मैं हमेशा जीएसकैश का समर्थन करता था, क्योंकि मुझे लगता है कि इस पितृसत्तात्मक दुनिया में महिलाओं को ऐसी मददगार व्यवस्था की जरूरत है, लेकिन यहाँ मेरे पैरों तले की जमीन खिसक रही थी, क्योंकि मेरे दोस्त पर यह आरोप लग सकता था।

'जीतेंद्र! फौरन यहाँ आओ!' मैं चीखा। लेकिन जीतेंद्र इतनी आसानी से कहाँ मानने वाला था। चार साल तक आई.आई.टी. का फ्रस्ट्रेशन आखिरकार फूट पड़ा था। उसने पिल्ले को देखा और फिर उस लड़की को, जिससे वह खेल रही थी और अब जीतेंद्र जो कुछ कर रहा था, उसे वह नजरअंदाज करने की कोशिश कर रही थी।

जीतेंद्र ने पपी को अपनी बाँहों में भर लिया, फिर से चूमा और प्यार से कहा, 'तुम कितनी क्यूट हो! शादी कर लो मुझ से!'

मैं अपने आस-पास की भुनभुनाहट को सुन रहा था। मैं तुरंत उठा, जीतेंद्र के पास गया और उसे खींचता हुआ अपने हॉस्टल तक ले गया। आखिर कब सीखेंगे ये लोग? मैं उन से थोड़ा नाराज था, लेकिन अंदर-ही-अंदर अपने आप को हँसने से रोक नहीं पा रहा था। उस दिन हमारी पिटाई हो सकती थी, लेकिन वह बस एक अच्छे मन से किया गया मजाक था, जिसमें हमारी नीयत किसी को नुकसान पहुँचाने की नहीं थी या किसी को असहज करने की नहीं थी।

आखिरकार हम अलग-अलग हो गए। यह वहाँ के मेरे जीवन का कोई खास दिन नहीं था। आमतौर पर मेरा सारा समय लाइब्रेरी और क्लास में बीतता था। हालाँकि जब बाहर से दोस्त आते थे तो मुझे भी खुलने का मौका मिल जाता था।

आज भी मैं बी.ए. और एम.ए. के अपने दिनों को याद कर मुसकरा उठता हूँ। जीवन का मतलब केवल दोस्त और मस्ती नहीं था, बल्कि सीखना और पढ़ना भी था। यह सबसे अच्छा मेल था। हाँ, मैंने अपने पागल दोस्तों के साथ कई बेवकूफियाँ की हैं, लेकिन यह सच है कि जीतेंद्र और विनोद जैसे तमाम दोस्तों के बिना कॉलेज की जिंदगी अधूरी थी।

□

8

बकरा बाजार

तूफानी रात के बाद, सुबह बहुत भारी और बोझिल थी। मैं एकेडमी वापस लौट आया था। बर्फीली हवा के झोंके खिड़की की अदृश्य दरारों को भेद कर अंदर आ रहे थे। कमरे में ब्लोअर और हीटर भी लगभग बेअसर साबित हो रहे थे। हमेशा की तरह कैंपस ऊँघ रहा था, क्योंकि रविवार का दिन था।

गिरता-पड़ता आकाश मेरे करीब आया और मेरे चेहरे के आगे हाथों को तेजी से हिलाते हुए मुझे जगाया।

'गुड मॉर्निंग साहबजी! आपको तैयार होना पड़ेगा। मैंने सबकुछ तैयार कर दिया है। बस नहाकर तैयार हो जाइए! जल्दी।'

'अरे!' मैंने भारी आवाज में कहा।

'क्यों?'

'आपके घर से मेरे पास फोन आया था।'

'तो?'

'उठिए, सर! मि. शेखर आपसे मिलने आ रहे हैं।'

'कौन?'

'मिस्टर शेखर!'

'हूँ! वे कौन हैं?'

'मुझे मत बनाइए, आप सब जानते हैं, साहबजी', आकाश पलटकर बोला, 'वे मुख्य वन संरक्षक हैं··· ।'

'वे मुझसे क्यों मिलना चाहते हैं ?'

'जैसे आपको तो कुछ पता ही नहीं! वे अपनी बेटी के लिए आपके जैसा साहबजी देख रहे हैं, ताकि उसकी शादी कर सकें।'

मुझे तुरंत अपनी माँ से हुई बातचीत याद आ गई और मैं निराशा में घिरने लगा। आकाश ऐसी बातों के लिए अभी काफी भोला-भाला है। वे मुझसे मिलने नहीं बल्कि यह देखने आ रहे हैं कि मैं कितना देख सकता हूँ, मैंने मन-ही-मन कहा। किसी भी व्यक्ति को यह बहुत बुरा लगेगा कि उस पर फैसला उसकी अक्षमता की जाँच के आधार पर किया जा रहा है। मैं तैयार हो गया और साहब के आने का इंतजार करने लगा। मेरी माँ ने मुझे समझा दिया था कि नौकरी मिलने के बाद हर कुँवारे व्यक्ति को एक पत्नी की तलाश करनी ही चाहिए।

मेरा मोबाइल घनघनाने लगा। मैंने फोन उठाया और सिक्यॉरिटी गार्ड से आगंतुक को अंदर आने देने को कह दिया। आकाश पहले से ही उन्हें रिसीव करने के लिए वहाँ मौजूद था। मैं फौरन कमरे से बाहर निकला, कैफे के सामने की कुरसी पर बैठ गया और प्रोबेशनरों की बेतकल्लुफ गपशप सुनने लगा। मेरा चेहरा लाल हो रहा था। पाँच साल पहले पाकिस्तान में मुझसे सेना के एक वरिष्ठ अधिकारी ने कहा था कि किसी को भी अपनी विकलांगता पर शर्म महसूस नहीं करनी चाहिए। उस समय हम एक क्रिकेट सीरीज के दौरे पर थे। मैं उनकी बात को तब समझ नहीं पाया था, लेकिन आज ऐसा लगा जैसे वे एकदम सही थे। मैं नेत्रहीन होने पर शर्मसार था और मेरी शर्म मुझे डरा रही थी।

मैंने सीढ़ियों से उतरते आकाश की आवाज सुनी। वह किसी से बातें कर रहा था, जिनकी आवाज मैं पहचान नहीं सका। वे करीब आते जा रहे थे। सब्र और भ्रम को किनारे करते हुए, मैं उनके स्वागत के लिए तुरंत खड़ा हो गया। वे एकदम सधे और किसी नौकरशाह के साँचे में बखूबी ढले थे।

उनके चेहरे की तटस्थता उनके व्यक्तित्व की पहचान थी। उनकी ऊँचाई छह फीट से कम नहीं थी और मोटी आवाज के साथ कद-काठी भी मजबूत थी। वे महँगे सूट में थे। उनकी फॉर्मल पोशाक बता रही थी कि वे किसी आधिकारिक मीटिंग से चले आ रहे थे।

वे मेरे सामने आकर खड़े हुए और कुछ सेकेंड तक इंतजार किया। उन्होंने मेरे चेहरे को गौर से देखा और फिर अपनी बगलवाली कुरसी पर बैठने को कहा। उन्होंने अपना परिचय दिया और बताया कि कैसे उन्हें मेरे बारे में जानकारी मिली। मेरा नाम किसी फैकल्टी मेंबर ने बताया था। मैं सोचने लगा कि उन्होंने जरूर यह नहीं बताया होगा कि मेरे देखने की क्षमता किस हद तक कम है।

इस बीच आकाश ट्रे में चाय और बिस्कुट लेकर आया। मैंने सावधानी से चाय उठाई। मैं महसूस कर रहा था कि तीखी नजरें मुझे भेद रही थीं। मैं जो कुछ कर रहा था या कह रहा था, सब निगरानी के अधीन था। मिस्टर शेखर ने अपने मोबाइल से फोन मिलाया और अपनी पत्नी को बताया कि वे उस हॉस्टल के सामने बैठे हैं।

बीते दिनों की यादों में खोने और भावनात्मक होने के साथ ही दोनों ने एकेडमी और हॉस्टल की उस समय की बातों को साझा किया, जब वे यहाँ ट्रेनिंग कर रहे थे। मेरी मौजूदगी का एहसास होते ही उन्होंने बातचीत को अचानक बीच में समाप्त कर दिया।

'मुझे आजकल की बातों का पता नहीं, लेकिन मेरे समय में यहाँ अपने जीवनसाथी के साथ रहने की इजाजत थी,' उन्होंने मानो मेरे मन को पढ़ते हुए कहा। 'नहीं सर, हमें यह सुविधा नहीं मिली है,' मैंने विनम्रता से कहा।

'एकेडमी में काफी कुछ बदल गया है।' उन्होंने कहा।

इससे पहले कि वे मेरी अक्षमता को लेकर कुछ पूछने का साहस जुटा पाते, मैंने बताना शुरू कर दिया। 'सर, मैं आपको बता देना चाहता हूँ कि मैं ठीक से देख नहीं सकता। मेरी विकलांगता बहुत गंभीर है। मुझे चलने-फिरने के लिए सहायक की जरूरत पड़ती है। साफ-साफ कहूँ तो आप मुझे एक

नेत्रहीन व्यक्ति ही मान लें।'

'हाँ, हाँ, मैं जानता हूँ।'

लेकिन वे इस बात से अनजान थे कि मेरी समस्या कितनी गंभीर थी, जो उनके हाव-भाव से साफ हो रहा था।

'क्या आपने मेरी अक्षमता के बारे में अपनी बेटी को बता दिया है?' मैंने विनम्रता से पूछा।

'मैं उसकी सहमति लेकर ही यहाँ आया हूँ। हमने अपने परिवार में इस बारे में बातचीत की है,' मिस्टर शेखर ने घोषित किया।

कुछ मिनट तक बातचीत के बाद उन्होंने अपने हाथ झाड़े और उनकी पैनी नजर वाले चेहरे पर एक चौड़ी मुसकान आ गई। फिर उन्होंने मुसकराते हुए ही कहा कि क्यों न मैं उनके साथ लंच पर चलूँ। वे अब तक अपनी जाँच से संतुष्ट नहीं हुए थे, ऐसा मुझे लगा। अच्छा होता अगर वे एक भरोसेमंद नेत्र रोग विशेषज्ञ को अपने साथ लेकर आते, मैंने अपने आप से कहा और अंदर-ही-अंदर हँस पड़ा। मैं उन्हें दोष नहीं देता, वे वही कर रहे थे, जो उन्हें अपनी बेटी के लिए सबसे अच्छा लगा। हम सब भी वही करते।

हम सीढ़ियों से नीचे उतरे। मुझे लगा कि मुझे गौर से देखा जा रहा है और समझा जा रहा है, जैसे कोई चीज माइक्रोस्कोप के अंदर रखी गई हो। हम फटा-फट मॉल रोड के लिए निकल गए। गुजरती कारों, मोटरसाइकिलों और टूरिस्ट बसों, आवाज लगाते साइकिल वालों और पैदल चलनेवालों की भीड़ के बीच से आगे बढ़ रहे थे।

मैंने आकाश को पीछे से आवाज लगाते सुना, 'साहबजी, साहबजी, मैं आ रहा हूँ, आगे मत बढ़िए।'

'आपको लगा नहीं कि एक गाड़ी आपकी शर्ट को छूकर अभी-अभी निकली है?' घबराहट में मुझे डाँटने के अंदाज में उसने कहा।

'घबराओ मत, ऐसा होता है, हम ऐसे ही सुख-दुःख के बीच अपना जीवन जीते हैं,' मैं जितना आश्वस्त था, उससे कहीं ज्यादा दिखाने के लिए खिलखिलाते हुए कहा।

'साहबजी, अगर आपको कुछ हो गया तो मैं एकेडमी को क्या जवाब दूँगा? पूरे देश के लिए यह चीख-चीखकर पढ़ी जानेवाली हेडलाइन बन जाएगी!' आकाश बड़बड़ाया और मुझे झकझोर दिया। 'बड़े साहब को एक कार ने कुचल डाला!' उसने अपने आप से बुदबुदाते हुए कहा।

इस बीच मिस्टर शेखर ने अपनी कार लॉक की और रेस्टोरेंट की तरफ बढ़ गए। हम चमचमाती जगह में दाखिल हुए और एक बूथ में बैठ गए। आकाश मेरे आस-पास चक्कर लगा रहा था। इस उम्मीद में कि हमारे ही साथ टेबल पर बैठने का न्योता मिल जाए, जैसा कि मैं अकसर उसे अपने साथ ले जाने पर दिया करता था। हालाँकि पुरानी शिक्षा की घिसी-पिटी लकीर पर पूरा भरोसा जताते हुए, मिस्टर शेखर ने आकाश को दूर की एक टेबल पर बैठ जाने को कह दिया। इस बात को भाँपते हुए कि आकाश को मुझसे अलग कर दिए जाने पर कितना बुरा लगा होगा, मैं भी अंदर से दुःखी हो गया। मैंने मिस्टर शेखर को देखा और सोच रहा था कि क्या मैं भी बीस साल बाद ऐसा ही व्यवहार करने लगूँगा। खाने के मेन्यू को उलटते-पुलटते हुए, वे बस इतना कह सके, 'मुझे मसालेदार खाना पसंद नहीं। तुम क्या लोगे?'

'सर, मैं कुछ भी खा लूँगा।' इस बीच अपने से दूर बैठे आकाश को मैंने कह दिया कि वह अपने खाने का ऑर्डर दे दे।

हम जब इधर-उधर की बातें कर रहे थे तब मैं उनकी नजरों को अपने आप को भेदता महसूस कर रहा था। आखिरकार जब खाना आया तब जाकर मुझे राहत मिली कि कम-से-कम अब बातें करने के अलावा मेरे पास कुछ और करने को था। एकेडमी में यह सिखाया गया था कि एक मेजबान को मेहमानों की देखभाल करनी चाहिए। लिहाजा मैं लगातार अपने मेहमान से बातें कर रहा था। देर से किए गए लंच को खत्म करने के बाद, हमने मामले को चाय के साथ समाप्त किया और वहाँ से निकल गए।

शुक्र है, वापस लौटने में ज्यादा देर नहीं लगी। संपूर्णानंद ऑडिटोरियम के सामने हमने अपने मोबाइल नंबरों का लेन-देन किया, अब तक साथ बिताए सुखद पलों की सराहना की और जुदा हुए, जिसकी बहुत ज्यादा

जरूरत थी। मैंने महसूस किया कि सुकून का एक झोंका मुझसे टकराया है और तभी आकाश मेरे पास आया और गहरी साँस छोड़ते हुए ऐलान किया कि बूझ-बुझौवल आखिरकार समाप्त हुआ। मैं कसक के साथ झलकती उसकी निराशा को समझ गया। उसने मेरे कंधे पर अपना हाथ रखा, पीछे से हौले-हौले मेरी शर्ट को झाड़ा और पूरे अपनेपन से मेरा हाथ थाम लिया।

'मुझे अच्छा नहीं लगता, जब मेरे साहबजी के सिवाय कोई और मुझ पर हुक्म चलाता है।'

मैं समझ नहीं पाया कि क्या कहूँ। मुझे लगा कि मैं उसे केमू की उक्ति सुना दूँ। मैं नहीं चाहता था कि आकाश मेरे पीछे आए या मुझे रास्ता दिखाए। मैं बस चाहता था कि वह मेरे साथ रहे दोस्त की तरह। क्या यह इतना मुश्किल था?

खैर, मेरे मन में यह सवाल उठा कि हमारे देश में परिवार की रजामंदी से होनेवाली शादियाँ कैसे कारगर होती हैं। जवान पुरुष और स्त्रियाँ बकरे-बकरियाँ नहीं हैं, जिन्हें किसी बाजार में सबसे ऊँची बोली लगानेवाले को बेच दिया जाए। मैं बस यही उम्मीद कर सकता था कि एक दिन इस देश के पुरुषों और स्त्रियों को अपना भाग्य चुनने का अवसर मिलेगा।

□

9

सौदा

आई.ए.एस. ट्रेनी पूरे जोर–शोर से चल रही थी। मैं एक क्लास से लौटा था और अपने बिस्तर पर धम्म से आकर गिर गया। म्यूजिक सुन रहा था कि किसी की दस्तक ने मुझे चौंका दिया।

हाथ में अपने मोबाइल को लिये, आकाश कमरे में अपने आप से बातें करता दाखिल हुआ। 'मैं इसके फोन से तंग आ चुका हूँ···दिन में कम–से–कम दस बार कॉल करता है।'

'कौन है यह बेकार का आदमी?' मैंने उत्सुकता से पूछा।

'और कौन, सर! वही लालची जमीन का मालिक।'

'वह तुम्हें क्यों परेशान कर रहा है?'

'सर, वह जानना चाहता है कि हम जमीन के सौदे के बारे में क्या सोच रहे हैं।'

वह उस जमीन का जिक्र कर रहा था, जिसे हमने खरीदने की नीयत से देखा था। मैंने तब कह दिया था कि अपने परिवार से बात करके बताऊँगा।

'वे ओमवीर कोई जवाब चाहता है!'

'यहाँ बुलाओ उसे। बात करते हैं।' मैंने दु:खी मन से कह दिया।

दोपहर के करीब एक बजे, मुझे सिक्यॉरिटी चेक पोस्ट से फोन आया। मैंने आकाश से आग्रह किया कि वह मेहमान को मेरे कमरे तक ले आए।

अपने विचारों को व्यवस्थित करने के साथ ही मैंने कैफे में फोन किया और चाय भेजने को कह दिया।

आगंतुक मेरे कमरे तक पहुँचे। चेहरे पर निराशा और चुप्पी थी। 'नमस्ते, सर जी।'

भावनाओं को छिपाए बिना, सिया गाँव के पूर्व प्रधान केदारजी, जो इस मामले में जमीन के मालिक थे, किसी बुजुर्ग बुद्धिमान संत की तरह खड़े थे।

'कैसे हैं आप?' मैंने पूछा।

'मैं ठीक हूँ, साहब।'

उनके साथ ओमवीर आया था, उनका बेटा। मैंने उनसे बैठने को कहा, वे बैठे भी पर थोड़े तनाव में थे।

'कहिए क्या कर सकता हूँ आपके लिए?'

जमीन का मालिक सीधे मुद्दे पर आ गया। कुल मिलाकर, आरजू-मिन्नत के अंदाज में, 'हम पहाड़ों के लोग हैं, सर। बाजार की भाषा हम नहीं समझते। पैसा हमारे लिए मायने नहीं रखता। हम मेहनत और ईमानदारी पर यकीन रखते हैं। हम चाहते हैं कि हमारी जमीन किसी ऐसे को मिले जो उसे रखे, सम्मान और प्यार दे।'

मैंने मौन रहते हुए समझने के अंदाज में सिर हिला दिया। अब तक चाय आ चुकी थी और मैंने आकाश से चाय लगाने को कह दिया।

प्रधान ने जब चाय की चुस्की ली तो मैंने भी खुलकर कह दिया। 'मैं आपके बेटे की तरह हूँ, प्रधानजी। मैं पटना में जन्मा था, लेकिन पला-बढ़ा देहरादून की इन्हीं पहाड़ियों के बीच। यह मेरे लिए दूसरा घर है। यहाँ के लोग मेरे अपने हैं।'

'वाह', उनकी आँखों में चमक आ गई। 'सर, ऐसा है तो आपका तहे दिल से स्वागत है। हम तो अपनी मेहमाननवाजी और बड़े दिल के लिए जाने जाते हैं।'

'हमारे चारों ओर कुदरत की भरपूर ताजगी है। यह जमीन आपके लिए बड़ी अच्छी होगी!'

'कानूनी पहलू को लेकर सब ठीक है न?' मैंने पूछा।

'जमीन-जायदाद के सौदे में आजकल बड़ा जोखिम रहता है,' केदारजी समझ रहे थे, 'अकसर मामला गड़बड़ हो जाता है।'

'मैं जानता हूँ। तो आप क्या सोचते हैं?'

'हम पता लगाने के लिए तहसीलदार ऑफिस जाएँगे।'

मैं थोड़ा परेशान हो गया। कहाँ मैं अपनी सारी पूँजी और अपने परिवार की पूँजी लगाने की सोच रहा था, बेहतर कल के लिए जमीन का एक टुकड़ा खरीदने वाला था, लेकिन कानूनी पचड़े प्लॉट खरीदने से पहले ही शुरू हो गए। शायद उन्हें मेरी शंका की भनक लग गई थी और इस बार प्रधान के बेटे ने दखल दिया। ओमवीर ने मुझसे कहा कि मैं उसके साथ तहसीलदार के ऑफिस चलूँ और इत्मीनान हो जाऊँ कि कोई समस्या नहीं है।

उसका प्रस्ताव इतना लुभावना था कि मैं मना करने का नाटक भी नहीं कर सका।

'कब?'

'अभी क्यों नहीं?'

कुछ देर मैंने सोचा, उस दिन मेरे पास कोई बड़ा काम भी नहीं था और इस मामले को जल्द-से-जल्द निपटाना ही सही था। मैं तुरंत तैयार हो गया।

इससे पहले कि मैं कुछ समझता, दौड़ती कार की पिछली सीट पर मैं ठूँस दिया गया। आकाश मेरे बगल में बैठा था। हम किसी कैन में मछली की तरह बंद कर दिए गए थे। अच्छा था कि सफर ज्यादा लंबा नहीं था और हम एक घंटे में अपनी मंजिल तक पहुँच गए। यह एक दो मंजिला इमारत थी, जिसने सरकारी गंभीरता ओढ़ रखी थी और सरकारी दफ्तर की तरह अफरा-तफरी थी। हालाँकि पूछने पर पता चला कि तहसीलदार अपने ऑफिस में नहीं था।

मैं एक कुरसी पर बैठा, समोसे का ऑर्डर दिया और एक गाना गुनगुनाने लगा।

इस बीच प्रधान, केदारजी ने पहले ही दफ्तर को छान मारा था। मैंने उन्हें वापस आते और ऑफिस स्टाफ से खुशामद करने के अंदाज में बात

करते सुना। मैंने उनसे एक बार फिर तहसीलदार के बारे में पूछा। उन्होंने कहा कि हम उन्हें ढूँढ़ने चलेंगे।

करीब आधे घंटे बाद एक तोंद वाला आदमी, जो 48-49 साल का रहा होगा, भागता हुआ मेरे पास आया और मेरे पैरों पर गिर पड़ा। मैं हैरान रह गया।

'मैं ही तहसीलदार हूँ, सर। आप एकेडमी से आए हैं?' उसने उत्सुकता से पूछा। उसके साथ कुछ लोग थे, जो उसके लिए जान देने के लिए तैयार दिख रहे थे।

मैं समझ गया कि केदारजी ने उसे ढूँढ़ लिया होगा और कहा होगा कि मैं यहाँ इंतजार कर रहा हूँ। 'हाँ', मैंने कहा, 'आप अपनी सीट पर क्यों नहीं थे?'

तहसीलदार एकदम चुप। उसके कंधे झूल गए और आवाज कोमल हो गई। उसके स्टाफ की भी यही हालत थी।

'सर, मैं कुछ फाइल ढूँढ़ने में लगा था।'

उसका चेहरा जैसे शर्म से लाल हो रहा था। मेरे पास उसकी बेतुकी बहानेबाजी या काहिली के लिए समय नहीं था और मैंने अनिच्छा से अपना हाथ बढ़ा दिया। उसने हाथ पकड़ा और पूरे उत्साह के साथ हाथ मिलाया।

वह मुझे अपने ऑफिस में ले गया। यह एक बड़ा गोलाकार चैंबर था, जहाँ से पहाड़ियों का और चारों ओर की हरियाली का बड़ा खूबसूरत नजारा दिखता था।

'आप खुशकिस्मत हैं कि आपको इतना अच्छा चैंबर मिला है', मैंने कहा, और मुसकरा दिया, 'कई लोग इस जगह का चार्ज लेने के सपने देख रहे होंगे।'

तहसीलदार रुक गया, उसने अपना वजन अपने दाहिने पैर पर डाला, मानो उसने मुझे कुछ कहने का फैसला कर लिया हो।

'सर, यह अच्छा दिखता होगा, लेकिन कुछ चीजें जो आप तभी जानेंगे, जब यहाँ बैठेंगे। मुझे अच्छा नहीं लग रहा, लेकिन आपको बता दूँ कि इस नौकरी के अंदर कई मुसीबतें हैं। ऊपर का इतना प्रेशर होता है कि क्या बताऊँ।'

'प्रेशर?' मैंने मासूमियत से पूछा।

'किस बात का?'

'सबकुछ का सर! मुझे ऐसे-ऐसे काम करने पड़ते हैं, जिनके लिए मैं तैयार नहीं होता, तभी तो मैं बड़ा छोटा महसूस करता हूँ। मैंने यह नौकरी देश के प्रति अपनी जिम्मेदारी निभाने के लिए की, लेकिन आप नौकरी में आने पर सबकुछ समझ जाएँगे।' उसकी आवाज धीमी हो गई।

अचानक मेरे मन में एक बात आई, क्यों हर कोई मुझसे यही कहता है? क्यों जितने भी सरकारी अधिकारियों से मैं मिला, सबने यही कहा कि वे जनता की सेवा करना चाहते हैं, लेकिन सिस्टम उन्हें ऐसा करने से रोक देता है। क्या वे सिस्टम नहीं हैं?

लेकिन कई लोगों की इन बातों ने मुझे एक आई.ए.एस. अफसर होने की कीमत का एहसास कराया। मैं ऐसे पद पर था, जहाँ से मैं सिस्टम को बदल सकता था। यही नहीं, अगर मैं एक सामान्य आदमी की तरह उससे मिलने आता तो वह मुझे ऑफिस से धक्के मार कर निकलवा देता। लेकिन यहाँ तो वह मुझे चाय पिला रहा है और अपनी नौकरी के बारे में बता रहा है। यही नहीं, कागजी काररवाई में मेरी मदद कर रहा है।

मैंने उसे अपने जमीन के सौदे के बारे में बताया और कह दिया कि कागजों और कानूनी स्थिति को स्पष्ट कर दे।

'सर, आपसे ज्यादा अच्छी तरह और कौन समझ सकता है कि मसूरी में जमीन का मामला कितना पेचीदा होता है। कोर्ट में न जाने कितने केस पेंडिंग हैं।' उसने मेरे कागज लिये और ऑनलाइन रिकॉर्ड को खँगालना शुरू कर दिया। काम करने के दौरान उसने मेरी नौकरी के बारे में बातें शुरू कर दीं।

कुछ देर बाद उसने मुझे पटवारी और श्री थपलियाल का नंबर दिया। 'सर, मुझे तो सब ठीक लगता है, लेकिन केवल वही जमीन की सही स्थिति बता सकते हैं। पटवारी हर आदमी को जानता है और गाँव की जमीन के बारे में भी उसे पूरी जानकारी है। आप सब-रजिस्ट्रार से भी मिल लें।'

कहाँ है सिंगल विंडो सिस्टम, मैं सोचने लगा। अब मुझे तहसीलदार से पटवारी के पास जाना होगा और बाद में मुझे यकीन है कि तहसीलदार के

बॉस, सब-रजिस्ट्रार से भी मिलना पड़ेगा।

अचानक बिजली चली गई। तहसीलदार रोना रोने लगा कि यह हर दिन की समस्या बन गई है।

उसने रहस्यमयी अंदाज में कहा कि इस विचित्र खूबसूरती की यही एक मुश्किल है, रहस्यमयी जंगल और आगोश में ले लेनेवाले अँधेरे का तोहफा।

मैं मुसकराया, चाय और उसकी मदद के लिए धन्यवाद दिया और फिर वहाँ से निकलने का फैसला किया। कमरे से निकलते ही मैंने देखा कि प्रधान लगातार चहलकदमी कर रहा था। उसने मुझे बधाई दी और कहा कि काम आधा हो गया है और अब मुझे कहीं से पैसे का इंतजाम कर लेना चाहिए।

हमने एकेडमी लौट जाने का फैसला किया। वापसी के सफर में ऐसा कुछ नहीं हुआ कि बताया जाए।

उस रात मैंने अपने पापा से फोन पर बात की। उन्हें समझाना हमेशा से बड़ा मुश्किल रहा है। प्रणाम-पाती के बाद मैं सीधे मुद्दे पर आ गया।

मैंने उनसे पूछा, 'जमीन में पैसा लगाना आपको कितना आकर्षक लगता है?'

'उँ...तुम्हें लगता है कि कोई खतरा नहीं है? फर्जी रजिस्ट्री के कितने ही मामले हैं और जमीन की सही स्थिति का पता लगाना बड़ा मुश्किल होता है', उन्होंने अपनी दलील को आगे बढ़ाते हुए कहा।

'अब मैं दुनिया की हर चीज तो नहीं देख सकता, लेकिन इसकी जाँच मैंने खुद से की है और यह ठीक लगता है', मैंने अपनी असहमति जाहिर करते हुए कहा।

'लेकिन उस पैसे के लिए यहाँ की कुछ जमीन बेचनी पड़ेगी! तुम्हें लगता है, तुम्हें यह करना चाहिए?'

'मुझे भी तो कुछ अच्छा करने में अपना दिमाग लगाने दीजिए', मैंने अपील की।

मेरी माँ हमेशा मेरी बातों पर विश्वास करती हैं। मैंने पीछे से उन्हें ऊँची आवाज में कहते सुना, 'करने दीजिए न, जो वह कह रहा है।'

विचारों और जानकारी के जबरदस्त आदान–प्रदान के बाद हम इस नतीजे पर पहुँचे कि मैं यह जोखिम अपनी जिम्मेदारी पर उठाऊँगा।

ज्ञान का मतलब क्या, अगर कोई उसका इस्तेमाल व्यावहारिक धरातल पर न करे ? मुझे जोखिम लेने में कभी डर नहीं लगा। मैं हमेशा आगे बढ़कर कुछ नया करने में विश्वास रखता हूँ, लेकिन यह सौदा मेरे लिए अपनी तरह का पहला सौदा था। मेरे पापा ने कहा कि वे खुद आकर पहले जमीन देखेंगे फिर पैसे का इंतजाम करेंगे। इस मोड़ पर हमारी बातचीत खत्म हो गई।

अगली सुबह मेरी नींद खुली तो सूरज की रोशनी ने सुनहरा रंग ले रखा था। सुबह के सूरज से पहाड़ी की चोटी चमक रही थी और हवा गुस्सैल दैत्य की तरह अड़ियल चोटियों को झुका देने के इरादे से दहाड़ रही थी। ऐसे मौसम के बीच मुझे अपनी सजा की एक्सरसाइज का फरमान सुना दिया गया था। यह उन प्रोबेशनरों के लिए सुधारात्मक सजा थी, जिन्होंने अनिवार्य शारीरिक प्रशिक्षण की शर्तों को पूरा नहीं किया था। दुर्भाग्य से मैं भी उन लोगों में शामिल था, जिन्हें छुट्टी के इतने सुहाने दिन में भी जिम्नेजियम बुलाया गया था।

आकाश कमरे में आया और अपने नींद से बोझिल होने की दशा को छिपाते हुए किसी रोबोट की तरह खड़ा हो गया, जिसे मेरा हुक्म बजाना था। कुछ देर तक वह चुपचाप खड़ा रहा। शायद मेरे चेहरे के भावों को पढ़ रहा था और जान गया था कि उसके मुँह से निकली एक चिनगारी तबाही मचा सकती थी।

मैंने न चाहते हुए भी सच को स्वीकार किया और धीरे-धीरे बिस्तर से उठकर अपने नीले ट्रैक–सूट और हद से ज्यादा घिस चुके गंदे जूते को पहन लिया। अंदर से भुनभुना हुआ, मैं नहीं चाहता था कि आकाश से कुछ भी कहूँ। मैं उस दिन का सामना करने निकल गया, जो बेहद लंबा साबित होनेवाला था।

मैं जब जिम्नेजियम से वापस लौटा तब थककर चूर हो चुका था। लेकिन मैं आराम नहीं कर सकता था। मुझे अपने माता–पिता के पटना से एकेडमी तक आने के सफर का बंदोबस्त करना था। मेरे पापा ने ट्रेन का टिकट बुक कर लिया था और जानकारी मुझे भेज दी थी। मुझे टिकट कंफर्म कराना था।

आकाश ने मेरे चेहरे पर आए परेशानी के भाव को पढ़ लिया था। 'क्या हुआ सर ?'

'मुझे ट्रेन के टिकट कंफर्म कराना है। पता नहीं कैसे होगा', मैंने सच-सच बता दिया।

'सर, आप मजाक कर रहे हैं! आई.ए.एस. अपनी मरजी से टिकट कंफर्म नहीं करा सकते! इस धरती पर आप लोग छोटे-छोटे भगवान् के जैसे हैं', आकाश ने पूर्ण विश्वास के साथ कहा।

मेरे चेहरे पर कड़वी मुसकान थी। यह इतना आसान नहीं था, जितना कि सुनने में लग रहा था। यह सब इस पर निर्भर करता है कि किन लोगों ने कंफर्मेशन के लिए एप्लाई किया है। रैंक जितना ऊँचा होगा, कंफर्म होने का चांस भी उतना ही ज्यादा होगा। मैं पूरी शाम रेल के टिकट कंफर्म कराने में जुटा रहा। मैंने चार लोगों से बात की : श्री विवेक भाई (रेलवे बोर्ड के पूर्व चेयरमैन), श्री अली अहमद (एक पूर्व रेलवे इंस्पेक्टर और आक्रामक फुटबॉल खिलाड़ी, जिन्होंने कई बार भारत का प्रतिनिधित्व किया था), श्री विनीत जेना (जिन्होंने मेरी तैयारी के दौरान मेरा पर्याप्त मार्गदर्शन किया और अब रेलवे सेवा में शामिल हो चुके हैं) और आखिर में अपने दोस्त सीएल साहू (सांसद, जिन्होंने छत्तीसगढ़ के पूर्व मुख्यमंत्री को हराया था) से। चारों ने बड़ी विनम्रता से मदद का भरोसा दिया और मदद की भी।

टिकट कंफर्म हो गए। दो दिन निकल गए, मेरे माता-पिता के आने का दिन आखिरकार करीब आ गया। मैं अपने उत्साह को दबा नहीं पा रहा था। मेरे माता-पिता मुझसे मिलने आ रहे थे। वह भी मेरे आई.ए.एस. ज्वॉइन करने के बाद पहली बार! मेरे पूरे जीवन की चुनौतीपूर्ण घड़ियाँ और घटनाएँ मेरे आँखों के सामने से गुजर गईं और अब मैं उत्सुकता से उनका इंतजार कर रहा था। सच में अगर धरती पर ईश्वर हैं तो वे किसी के भी निस्स्वार्थ माता-पिता हैं। मैं दिन गिनने लगा और वह दिन आखिरकार आ गया।

□

10

माता-पिता के एकेडमी में आगमन

मैं बहुत खुश था!

माँ ने फोन पर बताया कि सुबह छह बजे वे लोग पहुँच जाएँगे। मेरा दिल उछलने लगा। कुल मिलाकर मेरे माता-पिता ही एकमात्र कारण थे कि मैं वहाँ हूँ, जहाँ मुझे होना चाहिए था। मेरे सबसे मुश्किल वक्त में भी वे मेरे साथ खड़े रहे। एक भी दिन ऐसा नहीं गुजरता, जब मुझे उनके उत्साहवर्धन और सहयोग की याद नहीं आती। मैंने उस दिन के सारे काम निपटाए और उनके आने का उत्सुकता से इंतजार करने लगा।

मैं माँ और पापा के बारे में सोच रहा था। यहाँ तक कि क्लास के दौरान भी उनकी याद आ रही थी। वे दोनों एक-दूसरे से एकदम अलग थे। तौर-तरीके, सोच और काम करने के ढंग में। मेरे पिता एक बड़े अक्खड़ राजपुताना गाँव से आते थे। बाल विवाह और जानवरों की बलि के अलावा, बहुविवाह वहाँ आम बात थी। इस कारण उनके व्यवहार में हमेशा से ही उनकी अशिष्ट, गँवई माहौल की झलक दिखती थी। बेझिझक बोलनेवाला अंदाज परेशान कर देता था, सरलता में असभ्यता थी और क्षत्रिय धर्म के प्रति एक मजबूत लगाव दिखता था। इसके बावजूद कि मैं अब बड़ा हो गया था और मेरे साथ एक आई.ए.एस. अफसर का टैग जुड़ चुका था, फिर भी यह कहा नहीं जा सकता था कि कब मेरी किसी बेवकूफी पर वे मुझे थप्पड़ जमा दें। उन्होंने

मेरी किसी भी गलती के लिए नेत्रहीनता का बहाना चलने नहीं दिया। पापा ने मुझे उसी छड़ी से पीटा, जिससे मेरे भाई-बहनों को पीटते थे और उतनी ही झाड़ पिलाई, जितना कि बड़े होने के दौरान सबको पिलाते थे। इन्होंने मुझे यह सिखाया कि मुझे किसी विशेष सुविधा की माँग नहीं करनी चाहिए और अपने आप को सबके बराबर समझना चाहिए।

एक घटना हमेशा मुझे याद रहेगी। मैं जब नेत्रहीनता का शिकार हो गया था, तब कंघी करने के दौरान आईने में देखने की मेरी आदत धीरे-धीरे छूटती चली गई, जबकि मेरे पापा हमेशा मुझसे उस आदत को बनाए रखने के लिए कहते थे। मैंने उनकी जिद पर सवाल भी उठाए। मैंने कहा कि जब मैं आईने में अपनी तसवीर देख ही नहीं सकता तो उसे देखने का क्या मतलब? उन्होंने कहा कि मुझे हर हाल में स्थापित नियमों का पालन करना चाहिए, क्योंकि मुझे इसी दुनिया में रहना है। उन्होंने मुझसे कहा कि मुझे बाकी के समाज के साथ चलना होगा, न कि उनसे अपने मुताबिक ढलने की उम्मीद करनी चाहिए। इस बात का मेरी सोच पर गहरा प्रभाव पड़ा और उस दुनिया के साथ चलने में मुझे काफी मदद मिली, जिसमें मैं जी रहा था।

इस तसवीर के एकदम उलट, मेरी माँ एक ऐसे गाँव से आती थीं, जो तुलनात्मक रूप से छोटा था। यह इकट्ठा था और पचास से ज्यादा राजपूत परिवार वहाँ नहीं रहे होंगे। लगभग सभी घर पूरी तरह से शाकाहारी और धार्मिक थे, जिन्होंने कभी पशुओं की बलि नहीं दी। सप्ताह में एक बार रामचरित मानस के पाठ और छठ पूजा, शिवरात्रि तथा जन्माष्टमी के त्योहारों ने गाँवों को एकजुट रखा था। मेरी माँ एक दयालु और करुणामयी महिला हैं।

दो विपरीत ध्रुवों के बीच हुए लालन-पालन से मेरे व्यक्तित्व को ढाला गया। यही नहीं, इस कारण ही मेरा नाम सिंह से सिन्हा हो गया। मेरे नाना-नानी और दादा-दादी का उपनाम सिंह था। हालाँकि मेरे दादा ब्रिटिश राज के दौरान अंग्रेजों के मुलाजिम थे। अंग्रेज अफसरों को उच्चारण में दिक्कत होती थी, इस कारण उन्होंने सिंह को पहले सिंघा और अंत में सिन्हा कर दिया। मेरे दादा को इससे कोई फर्क नहीं पड़ता था, क्योंकि जाति उन्हें एक बड़ी

बुराई लगती थी। उनमें ऐसी कोई इच्छा नहीं थी कि उनकी पहचान उनकी जाति से हो और इस कारण वे अपनी राजपूती को छोड़कर ज्यादा खुश थे। वे अकसर कहा करते थे कि भविष्य का भारत ब्राह्मणों, राजपूतों, कायस्थों, वैश्यों और दलितों का नहीं, बल्कि भारतीयों का देश होगा। मेरे दादा ने अपना कट्टर जाति-विरोधी रुख मेरे पिता को हस्तांतरित कर दिया। हालाँकि मेरी माँ अब भी पुराने विचारों की थीं और उनके लिए जाति की पहचान उतना ही महत्त्व रखती थी, जितना कि उनकी धार्मिक पहचान और यह बात मुझे अकसर परेशान करती थी।

मेरे मन की लहरों को आकाश ने विराम दे दिया, जो मेरी बेचैनी को समझ रहा था।

'साहबजी', उसने कहा, 'आप तो अपने माता-पिता को देखकर बहुत खुश होंगे। वे अपने साथ कितनी सारी चीजें लेकर आएँगे। घर की बनी चीजें तो कई दिनों तक आप खा सकते हैं। एकेडमी में तो वे पहली बार आ रहे हैं। बड़े साहब बनकर आप पहली बार उनसे मिलेंगे।'

आकाश खिलखिलाया, इठलाया और मुझसे भी कहीं ज्यादा खुश दिख रहा था।

घड़ी ने छह बजाए और मैं दिल थामकर अपने माता-पिता के आने का इंतजार कर रहा था। मैंने कुछ दूर कदमों की आहट सुनी। इससे पहले कि मेरा दरवाजा खुलता, मैंने माड़ डली साड़ी से रगड़ खाते बैग की और चूड़ियों के खनक की आवाजें सुनीं। दरवाजा तेजी से खुला और मेरे पिताजी अंदर दाखिल हुए। आकाश मेरे पीछे विनम्रता से हाथ जोड़े नमस्ते करता हुआ खड़ा था। मैं उनके पास गया, उनके पैर ढूँढ़े और आखिरकार मेरे हाथों ने उनके देवतुल्य स्वरूपों का स्पर्श किया। मैंने अपने माता-पिता के पैर छुए और खुशी से रोने ही वाला था।

इस बीच उन्होंने मेरे कमरे पर नजर दौड़ाई और लगभग खामोशी से मुझे आशीर्वाद दिया। शायद उन्हें यह प्रत्यक्ष प्रमाण भी अविश्वसनीय लग रहा था कि उनके बेटे ने अपनी इच्छा के अनुसार नौकरी हासिल कर ली,

जबकि यह मान लिया गया था कि वह किसी काम का नहीं रह गया है। मैंने उन्हें गले से लगाया, और मेरी आँखें नम हो गईं। आकाश ने हमें अकेले वक्त बिताने का मौका दिया और कमरे से चला गया।

औपचारिक प्रणाम-पाती के बाद मेरी माँ ने मुझसे इस सपने से एक ऐसा प्रश्न पूछकर जगा दिया, जिसने मुझे अंदर तक झकझोर दिया।

उन्होंने पूछा, 'मैं आकाश के हाथ का पानी पी सकती हूँ?'

पहले मैं समझ नहीं पाया। अपने माता-पिता से मिलने की खुशी कुछ ज्यादा ही हावी हो चुकी थी। 'हाँ, क्यों नहीं?'

'तुम जानते हो न मैं क्यों पूछ रही हूँ!'

मैं काँप उठा और सारी बात समझ आ गई। 'यह आप क्या कह रही हैं, माँ?' मैंने हैरानी से पूछा। 'हाँ, आकाश वही है, जिसे आप दलित कहते हैं, लेकिन वह मेरा दोस्त है। नहीं, वह मेरे छोटे भाई के जैसा है। कैसे आप इस तरह की बात सोच सकती हैं, वह भी इस युग में?'

उन्होंने बस अपना सिर पकड़ लिया।

मैं सन्न रह गया। 'आप अब भी जाति की घिसी-पिटी लकीर पर चल रही हैं?'

'क्या करूँ! मैं अब इतनी बूढ़ी हो चुकी हूँ कि बदल नहीं सकती। सुनो, मैंने राजधानी ट्रेन में भी खाना नहीं खाया, क्योंकि मैं उनकी जाति नहीं जानती थी।'

मैं लगभग चीखने ही वाला था कि मुझे एहसास हुआ कि मैं उनसे इतने लंबे समय बाद मिल रहा था और मेरे गुस्से से उनका मूड बिगड़ जाएगा और मैं उनकी सोच को इस बारे में तब भी बदल नहीं पाऊँगा। मैंने मन-ही-मन तय कर लिया कि मैं उनके साथ बैठूँगा और इस बारे में बात करूँगा। प्रगतिशीलता की शुरुआत घर से ही होती है। मुझे अपनी माँ को एहसास दिलाना होगा कि जाति एक सामाजिक बुराई है और कुछ नहीं। इस बहस को वहीं छोड़ते हुए, मैं अब अपने पिता की ओर देख रहा था।

उन्होंने निराशा जताते हुए कहा, 'इतना कष्ट उठाने का क्या फायदा।

आपने खाने के पैसे दिए थे तो आपको खा लेना चाहिए था।' मेरी माँ ने जवाब नहीं दिया और दंभ के साथ पापा को देखने लगीं।

'तुम यह सब नहीं समझोगे। अपनी माँ के लिए इतना भी नहीं कर सकते?' वे बुराई करने पर अड़ गई थीं।

मैंने नाखुशी जाहिर की और उन्हें पानी दिया।

माँ की पूछताछ से मेरा मूड खराब हो चुका था। सब कमरे के अलग-अलग कोने में बैठ गए और एक-दूसरे को अजीब नजरों से देखने लगे। इससे पहले कि यह चुप्पी और परेशान करती, आकाश ट्रे में चाय लेकर दाखिल हुआ। उसने उसे डेस्क पर रख दिया और हम सब उसकी तरफ चुपचाप, कीड़े से भरे हजारों डिब्बों को पीछे छोड़ देखने लगे। तीन कप आधे भरे थे और उनके हैंडल हमारी तरफ इशारा कर रहे थे। गरम चाय के अलावा बस घड़ी की टिक-टिक की आवाज सुनाई दे रही थी।

पापा ने काम की बात करने का फैसला किया। 'तुमने सारे पेपर ध्यान से देख लिये हैं?'

'हाँ, आप उसकी चिंता मत कीजिए।'

'बुरा मत मानो, लेकिन उस जमीन की कीमत जितनी होनी चाहिए थी, उससे कहीं ज्यादा लगाई गई है', पापा ने माँ की तरफ देखते हुए कहा।

'उस पर हम अभी बात कर सकते हैं।'

मेरी माँ ने बात बदल दी, ताकि इस बात को लेकर मुझे पापा की नाराजगी न झेलनी पड़े कि हम जरूरत से ज्यादा पैसा दे रहे हैं। 'हमें रजिस्ट्री कब करानी होगी?'

'माँ', मैंने थोड़े कड़क अंदाज में कहा, 'पाँच दिन बाद मेरी परीक्षा है। हम कल ही रजिस्ट्री ऑफिस जाएँगे, ताकि लौटकर मैं अपने फाइनल एग्जाम की तैयारी कर सकूँ।'

माँ ने सहमति दे दी और सामान निकालने लगी। इस बीच मैंने आकाश को बुलाया और कल की तैयारी के लिए कह दिया।

'साहबजी, मैं साढ़े पाँच बजे बेड टी और ठीक सात बजे नाश्ते का

इंतजाम कर दूँगा। ओमवीर आठ बजे आपको रजिस्ट्री ऑफिस ले जाने के लिए आ जाएगा।'

मैंने उसे धन्यवाद दिया और कहा कि वह पूरे दिन के लिए छुट्टी ले ले।

मैंने माँ-पापा के साथ बातचीत कर अपना समय बिताया। फिर उन्होंने कुछ देर आराम किया और फिर मैंने उनसे कहा कि वे मेरे साथ चलकर रात का खाना खा लें। एकेडमी का मेस साउथ इंडियन और नॉर्थ इंडियन व्यंजनों का एक अजीब सा मेल था, ताकि सबको अपनी पसंद का खाना देकर संतुष्ट किया जा सके। मेरे पापा डिनर को लेकर उत्साहित थे। इस कारण नहीं कि उसका स्वाद अच्छा था, बल्कि इस कारण कि वह एकेडमी में तैयार किया गया था! उन्होंने अपना खाना खाया और बोले, 'यह आई.ए.एस. एकेडमी है। शायद ही किसी को इतना शानदार खाना नसीब होगा।'

मैं उन्हें कैंपस में रात के खाने के बाद हल्का से टहलने के बहाने इधर-उधर ले गया और फिर जल्दी ही उन्हें अपने कमरे तक ले आया।

हमेशा की तरह माँ सुबह जल्दी उठ गईं। उन्होंने मेरे चेहरे को अपने हाथों में लिया और प्यार से दबाया। उन्हें यकीन नहीं हो रहा था कि उनका छोटा सा बच्चा इतना बड़ा हो गया है। हम चाहे कितने ही बड़े क्यों न हो जाएँ, अपने माता-पिता के लिए बच्चे ही रहते हैं। मैंने भी भावुक होकर उन्हें गले लगा लिया, अपनी माँ के साथ इतने दिनों बाद वक्त बिताकर अच्छा लग रहा था।

सुबह के ठीक आठ बजे, हम एकेडमी गेट से बाहर आए और सड़क पर ढाबे के सामने पहुँचे। ओमवीर पहले ही हमारा इंतजार कर रहा था। दुआ-सलाम के बाद हम निकल पड़े। मेरे पिता ने जमीन के सौदे के लिए नकदी एक बैग में रखी थी, जिसे उन्होंने अपने एकदम पास रखा हुआ था।

सफर सुहाना था। पहाड़ों की हवा, घुमावदार सड़कें, चारों तरफ की हरियाली ने हमें आजादी का एहसास कराया। हालाँकि मेरी माँ को सर्पीली सड़कें रास नहीं आईं और उन्हें एक-दो बार उल्टी भी हुई। पापा गाड़ी से उतरे, बैग को कार की डिक्की में रखा और उन्हें कुछ दूर तक पैदल चलवाया,

ताकि ताजा हवा से उन्हें थोड़ा बेहतर महसूस होने लग जाए।

हम जब तक सब-रजिस्ट्रार के ऑफिस तक पहुँचे, तब तक उनका डर जा चुका था और वे अब नजारों का जमकर मजा ले रही थीं।

आखिरकार हम अपनी मंजिल तक पहुँच गए, जो सब-रजिस्ट्रार का ऑफिस था। मैं महसूस कर पा रहा था कि वहाँ का माहौल चापलूसी और चाटुकारिता से भरा था। देखते-ही-देखते दिहाड़ी मजदूर, चपरासी, क्लर्क और हेड असिस्टेंट, गलियारे में चहलकदमी करने लगे। मैंने अलग-अलग जगह पर खड़े लोगों को जासूसी करने के अंदाज में देखा। वे सब किसी बहुत जरूरी काम में पूरी तरह मशरूफ दिख रहे थे।

'आखिर ये कर क्या रहे हैं?' मैंने आकाश से पूछा।

आकाश ने मुझे चोरी-चुपके कहा, 'साहबजी, ये अपना माल गिन रहे हैं।'

'माल! कैसा माल?'

'साहब, पुराने गांधी बाबा के नए भारतीय रुपयों पर नए जमाने का जादू चल रहा है।'

अचानक मेरे पापा ने मुझे धक्का दिया, जैसे किसी पुराने मंदिर में टँगे पीतल के घंटे को हिलाया जाता है। 'तुम सलीके से पेश आना कब सीखोगे,' उन्होंने फुसफुसाते हुए कहा, 'अब तुम आई.ए.एस. अफसर हो। स्कूल की डरी-सहमी लड़की जैसा पेश आना बंद करो। जिम्मेदारी सँभालो। हालातों पर काबू करो, हालातों के काबू में मत आओ।'

इस फटकार के बाद मैं फौरन अपने पेशेवर रूप में आ गया।

कोई मुझ पर ध्यान नहीं दे रहा था। मैं उन हजारों लोगों में से एक था, जो अपना काम कराने के लिए सरकारी दफ्तरों के चक्कर लगाते हैं। स्टाफ चाय की चुस्की लेने और अपना माल गिनने में व्यस्त था। मुझे उन लोगों पर दया आ गई, जो अपनी वाजिब समस्या को लेकर यहाँ आए थे, लेकिन सचमुच की समस्या के निपटारे के लिए न तो उनके पास पैसे थे, न ही सिफारिश। उस दिन मैंने अपने बारे में सोचा, जब मैं ऐसे दफ्तरों के मुखिया

की जिम्मेदारी निभाऊँगा। मैं यकीन करूँगा कि लोगों की बात सुनी जाए, वैसे भी हम लोगों की सेवा करने के लिए ही हैं।

अपने आँखों की बुझी रोशनी को अपने मन के कोने में धकेलते हुए, मैंने अपना कार्ड निकाला, जिस पर अंग्रेजी भाषा के तीन जादुई अक्षर लिखे थे, आई.ए.एस.। यह साफ दिख रहा था और उसे अपने सबसे करीबी कर्मचारी को दिखाया। मैंने सोचा, अब वे मुझे नजरअंदाज नहीं कर सकेंगे। तत्काल प्रतिक्रिया दिखी। भीड़ छँट गई, चपरासी खिसक गए और असिस्टेंट अपनी-अपनी सीट से उठकर खड़े हो गए।

खबर फैल गई कि एक आई.ए.एस. अफसर दफ्तर में आया हुआ है और कुछ ही देर में सब-रजिस्ट्रार भी पहुँच गईं। वे एक खूबसरत महिला थीं, जो चौबीस-पच्चीस साल के करीब थीं और जिनकी एक गंभीर, सुंदर चाल थी।

'हलो, मिस्टर सिन्हा, वेलकम। मेरा नाम भावना है और मैं यहाँ की सब-रजिस्ट्रार हूँ। चलिए मेरे ऑफिस में आइए।'

मैंने उनका शुक्रिया अदा किया और फिर उनके पीछे-पीछे उनके ऑफिस तक पहुँचे। 'आप चाय लेना पसंद करेंगे?'

मैंने हामी भर दी।

चाय पीते हुए मैंने उन्हें अपना काम बताया। धीरे-धीरे हमारी बातचीत और भी सुखद हो गई। अब वे एक खूबसूरत और जिंदादिल मेजबान बन चुकी थीं।

'सच में,' भावना ने कहा, 'सिविल सर्विस इम्तिहान पास करने के लिए मैं आपको बधाई देती हूँ।' उन्होंने मुझे मिठाई दी और मैंने एक बार में ही उसे निगल लिया।

'सर, अगर आप इजाजत दें तो क्या मैं आपके साथ एक तसवीर ले सकती हूँ?'

'क्यों नहीं। और प्लीज मुझे राकेश कहो, सर नहीं!'

उसने हाँ में सिर हिलाया और मेरे बगल में फोटो के लिए खड़ी हो गई। मैं किसी तरह मुसकराया और उसे अपने चेहरे के बदले हाव-भाव के

बीच होठों के कोनों तक पहुँचाया। उसने हाथ मिलाया और कहा, 'आपकी नौकरी के ज्यादातर लोग शायद ही कभी खुश होकर मुसकराते हैं, लेकिन आप उनसे अलग हैं मिस्टर सिन्हा।'

मैं उसकी बात सुनकर हँस पड़ा।

'क्या हम अपने नंबर एक्सचेंज कर सकते हैं? क्या मालूम आप मेरे जिले में ही ज्वॉइन कर लें?'

आकाश ने मेरी अनुमति के बिना ही नंबर दे दिया। धीरे-धीरे भावना खुलने लगी इस हद तक कि उसने मुझसे एक निजी सवाल पूछ लिया।

'तो राकेश, मैं पूछ सकती हूँ कि यह कैसे हुआ?'

'क्या कैसे हुआ?'

'कैसे तुम्हारे आँखों की रोशनी चली गई?' वह लगभग फुसफुसा रही थी।

'ओह! वह एक एक्सीडेंट था,' मैंने कोमल स्वर में कहा।

'एक्सीडेंट!' उसे सदमा लगा।

'कैसे? कहाँ हुआ था? कब?' उसके कत्थई चेहरे ने डरावना रूप ले लिया, मानो वह उस घातक पल को फिर से आँखों के सामने होता देख रही हो।

'मैं एक गहरे कुएँ में गिर गया था और मेरे माथे पर चोट लगी थी।'

वह मेरे चेहरे को गौर से देखने लगी, लेकिन उसे एक्सीडेंट का कोई निशान नजर नहीं आया। 'लेकिन मुझे कोई जख्म या कोई और निशान नहीं दिखता।'

'अब ऐसा कोई जख्म नहीं सिवाय यादों के। मैं तब महज छह साल का था।'

ऐसा लगा जैसे यह सुनकर उसे गहरी चोट पहुँची थी। उसकी मुखाकृति पर एक तरह का सन्नाटा पसर गया था। लेकिन उसने अब तक जो कुछ कहा था, उससे कहीं ज्यादा शोर इस सन्नाटे में छिपा था। यह बताना मुश्किल था कि उसके दिमाग में क्या चल रहा था। फिर भी हमने चाय खत्म की, मैंने

उसकी टेबल पर कागजों के फड़फड़ाने की आवाज सुनी। चपरासी कागजात लेकर आ गया था। उसके साथ माँ और पापा भी थे, जो आदत के मुताबिक फाइल के पीछे-पीछे चल रहे थे, ताकि सबकुछ आसानी से हो जाए।

'सर, ये आखिरी कागजात हैं और आपकी रजिस्ट्री मिनट भर में हो जाएगी।'

हमने निश्चित रकम सब-रजिस्ट्रार के हवाले कर दी। सौदा हो चुका था! मुझे खुशी हुई, सब-रजिस्ट्रार का शुक्रिया अदा किया और वहाँ से निकल गए।

हम जब निकल रहे थे, तब भावना ने मुझे उस इलाके में तैनात प्रमुख आई.ए.एस. और आईपीएस अधिकारियों के नाम बताए। मेरे लिए यह एक सुखद आश्चर्य था कि सिविल सेवक के अपने छोटे से कॅरियर में मुझे दोनों से मिलने का मौका मिला। मैं जिला कलेक्टर (डीसी) और पुलिस अधीक्षक (एसपी), दोनों को जानता था, जिनके दफ्तर पास में ही थे। मैं एसपी श्री खंडूरी को जानता था, क्योंकि मैं अपने गाँव के दौरे पर गढ़वाल के चमोली जिले के बागेश्वर गया था और वे उसी कॉलेज में पढ़ते थे, जहाँ से मैंने ग्रेजुएशन किया था। जहाँ तक डीसी, मिस्टर सिंह की बात है तो वे उसी राज्य के थे, जहाँ का मैं हूँ।

मैंने दोनों से मिलने और अपनी शुभकामनाएँ देने का फैसला किया। मुझे मिस्टर सिंह से मिलने का मौका नहीं मिला, क्योंकि वे अपने इलाके के दौरे पर निकले हुए थे। उनके निजी सहायक ने सम्मान के तौर पर कुरसी से खड़े होकर हमें आरामगाह में इंतजार करने को कहा।

मैंने पूछा, 'सब ठीक है न?'

'सर, हमारे जंगल में आग लग गई और ऐसा लगता है कि किसी ने जिला कलेक्टर को बदनाम करने के लिए उनके खिलाफ साजिश रची है। हाल ही में दक्षिण भारत के तीर्थ यात्रियों से भरी बस गंगा में गिर गई थी और बताया गया कि उनमें से कोई भी भयंकर ठंडे बहाव में बच नहीं पाया। मीडिया उन पर अजीब-अजीब तरीके के सवाल उठा रहा है।'

मैंने कुछ देर तक उससे बात की और फिर एसपी ऑफिस के लिए

निकल गया। मुझे मिस्टर खंडूरी से मिलने का मौका मिला, जो अपनी मीडिया ब्रीफिंग में व्यस्त थे। मैं कैमरे की रोशनियों के किनारे धैर्य से इंतजार करता रहा और उम्मीद की कि वे मुझे पहचान लेंगे। उन्होंने फौरन मुझे पहचान लिया और मुझे चाय के लिए अपने ऑफिस तक आने का न्योता दिया। मैंने ओमवीर और आकाश को साथ आने को कहा।

'क्या बात है?' मैंने एसपी से पूछा। 'मीडिया बड़ी परेशान दिख रही है!'

'एक पुलिस वाले पर एक लड़की से छेड़छाड़ का आरोप लगा है, जो शादी की पार्टी में डांस कर रही थी। यहाँ के लोगों से निपटना बड़ा मुश्किल है। पुलिस का सिस्टम यहाँ बीते जमाने की बात बनकर रह गया है और जंगल तथा गाँवों की परंपराओं में वरदी को सबसे बड़ा दुश्मन माना जाता है।'

जल्दी ही हमने इस मुद्दे पर बातचीत को खत्म किया और आई.ए.एस. तथा आईपीएस के बीच बढ़ते मतभेदों की चर्चा शुरू कर दी। उन्हें मुझसे मिलकर काफी खुशी हुई और उन्होंने मुझे हमेशा अपने सीनियर अधिकारियों के संपर्क में रहने की सलाह दी। ओमवीर अपने जिले के ताकतवर एसपी को आमने-सामने देखकर बहुत खुश था। हम चैंबर के बीच से बाहर निकले। ऑफिस को पीछे छोड़ते हुए, नीचे तक आने के लिए सीढ़ियों से उतरना शुरू कर दिया। मैं ओमवीर को बता रहा था कि सिविल सेवा में कितना बदलाव आ गया है और अफसर अब आसानी से मिल-जुल लेते हैं, तभी मैंने किसी को अपना नाम पुकारते हुए सुना।

'राकेश भइया!'

मेरे कान खड़े हो गए। नीचे के एक डेस्क से वह आवाज आई थी। यह किसी दूसरे सरकारी दफ्तर के जैसा ही डेस्क था। डेस्क की अनेक पंक्तियों के बीच, डेस्क पर बैठा एक शख्स मुझे पुकार रहा था।

'कहो, तुम कौन हो?' मैं उस आवाज की तरफ बढ़ा और उससे पूछा।

एक नौजवान खड़ा हुआ। 'मेरा नाम राज सिंह सज्जवान है। मैं यहाँ डिस्पैच डेस्क पर काम करता हूँ। मैंने हैप्पी हिल्स स्कूल से पढ़ाई की है। राकेश भइया मैं हूँ। आप मेरे सीनियर थे!'

न कोई फुल-स्टॉप, न कॉमा, न कोई इशारा और न ही कोई भावना। एक झटके में उसने अपने मन में छपे इतिहास को खोलकर रख दिया। उसके हाव-भाव को देखकर लग रहा था कि वह कशमकश में है और वह किसी दूत का आह्वान कर रहा था, जो हम दोनों की पहचान एक-दूसरे को बता दे। अचानक हुए इस खुलासे से मुझे तो जैसे लकवा मार गया, फिर मैं उसकी तरफ बढ़ा और उसके सूखे कंधे पर अपना हाथ रख दिया।

मेरे दिमाग में कुछ कौंधा। अपनी भावनाओं को जाहिर किए बिना, मैंने कहा, 'कैसे हो राज सिंह?'

'मैं एकदम ठीक हूँ। मैंने आपकी आवाज सुनी और उसे तुरंत पहचान लिया!'

राज ने मेरे पूरे कड़े को छुआ, जो देव के बाबा धाम मंदिर से मैं लेकर आया था और मेरी पहचान को पुख्ता किया। यह मेरे नेत्रहीन दोस्तों के लिए एक जाना-माना संकेत था, क्योंकि स्कूल के दिनों में हम सभी के पास ऐसा कुछ-न-कुछ था।

'राकेश भइया, आपसे मिलकर मैं कितना खुश हूँ!' उसने कहा। 'लेकिन आप यहाँ क्या कर रहे हैं?'

'अरे कुछ रजिस्ट्री के काम से आया था।'

राज समझ नहीं पाया और फिर से सवाल किया। 'लेकिन आप तो ऊपर से आ रहे हैं?'

'हाँ, मैं बस तुम्हारे जिला कलेक्टर और एसपी से मिलना चाहता था।'

'डीसी और एसपी? आप उन्हें कैसे जानते हैं?' उसने हैरानी से पूछा।

मुझे यह सोचकर अचानक अपने पेट में एक उथल-पुथल का एहसास हुआ कि मैं जब उसे बताऊँगा कि मैं एक आई.ए.एस. बन गया हूँ, जबकि वह एक जूनियर असिस्टेंट के तौर पर काम कर रहा है तो उसे कैसा लगेगा। लेकिन वह अपने सबसे बड़े अधिकारियों से मेरे संपर्क को लेकर कुछ ज्यादा ही उत्सुक था। मैंने बात बदल दी और उसके हेयर स्टाइल के बारे में पूछा, जिसके लिए वह पूरे स्कूल में जाना जाता था।

'लेकिन आपने मेरे सवाल का जवाब नहीं दिया।' उसके सवाल में एक उतावलापन था।

इससे पहले कि वह इन अफसरों के साथ मेरी जान-पहचान को पुख्ता करता, ओमवीर ने गर्व से कहा, 'सर एक आई.ए.एस. अफसर हैं और एकेडमी में अपनी ट्रेनिंग कर रहे हैं।'

मैं महसूस कर सकता था कि राज सन्न रह गया है! 'देखिए,' कुछ सेकेंड तक बदहवास रहने के बाद उसने कहा, 'मैं आपको धोखा नहीं देना चाहता था। नौकरी मिल जाने के बाद मुझे दिल्ली आने का समय ही नहीं मिल सका।'

मैं सोच में पड़ गया। 'क्या? धोखा? क्या मैंने तुम्हारे पास कुछ रखा था? मुझे कुछ याद नहीं आ रहा।'

'सर, मैंने जुबिली हॉल हॉस्टल में आप से तीन सौ रुपए उधार लिये थे। ये तीन साल से भी पहले की बात है। मैंने अलग-अलग नौकरियों के फॉर्म खरीदने के लिए आपसे पैसे लिये थे।'

अचानक मैं भइया से सर बन गया था और वह उस बोझ के तले दबने लगा था। अब मुझे कुछ-कुछ याद आया कि एक बार वह अवैध तरीके से एक महीने से भी ज्यादा समय तक मेरे साथ रहा था। उसके पास डीयू के जुबली हॉल में रहने के पैसे नहीं थे और मैंने उसे कुछ पैसे उधार दिए थे। यही नहीं, मुझे यह अच्छा नहीं लगा कि मैं एक दोस्त से एक 'सर' कैसे बन गया। मुझे समझ नहीं आता कि पुरानी जान-पहचान वाले अचानक इतने औपचारिक क्यों हो जाते हैं। वैसे भी मैं वही राकेश सिन्हा हूँ, जिसे लोग जानते थे। आखिर कैसे, उन्होंने यह सोच लिया कि मैं अहंकारी और अकड़ दिखानेवाला बन जाऊँगा, क्योंकि मेरे नाम के साथ अंग्रेजी के महज वे तीन अक्षर जुड़ गए थे?

'लेकिन मुझे उन तीन सौ रुपए के बारे में कुछ भी याद नहीं है!' मैंने उसके अपराध बोध को कम करने की कोशिश की।

'सर, लेकिन मैं कैसे भूल सकता हूँ?' उसने धीरे से कहा।

कुछ देर तक हमने बातचीत की और उससे कहा कि कोई भी जरूरत पड़े तो मुझसे संपर्क कर ले। फिर मैंने उससे इजाजत ली और एकेडमी के लिए निकल गया।

हम ठीक सूरज के अस्त होने के समय पर पहुँचे।

माँ और पापा ने आराम करने का फैसला किया, जबकि मैं आकाश को कागजी काम निपटाने के लिए अपने साथ ले गया। हम जब लौटे तब एक नया आश्चर्य हमारा इंतजार कर रहा था। मैंने अपने पापा को पूरी ताकत से चीखते हुए सुना। यह समझने में ज्यादा देर नहीं लगी कि इसके निशाने पर मेरी माँ थी। हम दोनों में से कोई भी दरवाजे पर दस्तक देने का साहस नहीं जुटा पाया। देर तक हम दरवाजे के पीछे छिपे रहे। हौसला जुटाते रहे कि कैसे दस्तक दें, लेकिन माँ ने हमारी फुसफुसाहट को पहले ही सुन लिया था। उन्होंने दरवाजा खोला और तब तक इंतजार किया, जब तक कि दहशत हमें अंदर तक नहीं खींच लाई। अनकही चुप्पी हमारे पैरों को सुन्न कर चुकी थी, लेकिन हमारे लिए उस कमरे में लेशमात्र भी सहानुभूति नहीं थी।

मैं भी अपने माता-पिता की नजरों में अपराधियों में से एक था। पिताजी चुपचाप अपनी भारी ठुड्डी को पकड़कर बैठे थे।

'क्या हुआ?' मैंने पूछा।

माँ सुबकने लगी। पैसों से भरा बैग गायब था। सारी पूँजी जो मेरे पिता ने इतना कष्ट सहकर जमीन बेचकर और फिर कर्ज लेकर इकट्ठा की थी, वह जा चुकी थी।

मैं काँप उठा। 'यह हुआ कैसे?'

ऐसा लगा कि जब माँ ने हम से कार रोकने को कहा था, क्योंकि उन्हें चक्कर आ रहे थे, तब पापा ने बैग को कार की डिक्की में डाल दिया था। हम जब एकेडमी लौटे तब पापा ने आकाश को बैग लाने के लिए भेजा, लेकिन पता नहीं वह कैसे वहाँ से गुम हो चुका था!

मैं बेहोश होने लगा। हालाँकि आकाश किसी भी तरह पैसे को ढूँढ़

लाने के लिए निकल पड़ा। मैं इस संकट से निकलने की कोशिश करता हुआ बैठा ही था कि आकाश कमरे से निकला और जाते-जाते कहा कि वह लौटकर आएगा।

इस बीच मैंने पुलिस को फोन किया और रिपोर्ट दर्ज करा दी। कुछ दोस्तों से भी पूछा कि क्या किया जा सकता है।

करीब तीन घंटे के यातना भरे इंतजार के बाद आकाश लौटा। वह सिर से पाँव तक गंदगी में लिपटा था।

'क्या हुआ?'

आकाश ने कहा, 'साहबजी, अब चिंता की कोई बात नहीं है। मैंने अपनी खोज पूरी कर ली है।'

'तुम थे कहाँ?' मैंने पूछा।

'मैं जंगलों में गया था,' उसने कहा।

'लेकिन तुम वहाँ कैसे चले गए? रात को वहाँ जाना बड़ा खतरनाक होता है। तुम्हें कोई जंगली जानवर मिल गया था क्या?'

'साहबजी, मैं खोए हुए खजाने को ढूँढ़ने के लिए कहीं भी जा सकता हूँ। मैं पैदल ही गया था। इससे ज्यादा खतरनाक क्या हो सकता है कि कोई अपने मालिक का भरोसा खो दे?'

उसके इशारे पर एक छोटा सा लड़का सामने आया। उसका शरीर कुपोषित था और चाल टेढ़ी-मेढ़ी। उसके साथ एक जवान आदमी आया, जिसने लड़के का कॉलर पकड़ रखा था, मानो वह गुस्से में हो।

'सर, मेरे बेटे ने आपको बड़ी तकलीफ दी है,' इससे पहले कि मैं कुछ कहता, वह रहम की गुहार लगाता हुआ मेरे कदमों पर गिर गया।

मेरे पैरों पर गिरकर वह गिड़गिड़ाने लगा, 'हुजूर मेरा बेटा बहुत छोटा है और उसने बचकाना मजाक में यह कर दिया। मैंने आपके पैसों को हाथ तक नहीं लगाया। एक पैसा भी नहीं लिया। भगवान् के लिए मुझे माफ कर दीजिए।'

उसने मैले कपड़े की तरफ इशारा किया। आकाश ने उसे खोला और

मैंने देखा कि खोया हुआ बैग उसके अंदर था। मैं सच में हैरान रह गया।

आकाश की तरफ देखते हुए मैंने कहा, 'जल्दी से उसे आजाद करो नहीं तो गांधी बाबा का दम सच में घुट जाएगा।'

'हुजूर, आप अपने पैसे गिन लीजिए। मैंने यहाँ तक आने के लिए पचास रुपए उधार लिये हैं। सौभाग्य से बैग के कोने में आपका पहचान पत्र रखा था। मुझे उम्मीद है कोर्ट-कचहरी का कोई लफड़ा नहीं होगा।'

मैंने उसे भरोसा दिया कि मैंने इस घटना के लिए उसके बेटे को माफ कर दिया है, लेकिन उसे चेतावनी भी दी कि उसका बेटा भविष्य में कोई गैर-कानूनी काम न करे। मैंने उसे सौ रुपए दिए, जबकि इस गरीब आदमी का जो एहसान मुझ पर था, उसे मैं पूरे जीवन की कमाई से भी उतार नहीं सकता था।

उसने मुझे धन्यवाद कहा, अपने कीमती कपड़े में सौ रुपए को मोड़कर रखा, जहाँ गांधी बाबा सुरक्षित रह सकें। मैंने जब चाय पीने के लिए कहा, तब उसने चेहरा लटकाकर इनकार कर दिया।

'हुजूर, कभी और। मुझे अपने जानवरों की देखभाल करनी है। मेरा बेटा इस काम के लायक नहीं है और मेरी पत्नी खाना पकाने के लिए लकड़ियाँ चुनने गई होगी।'

उसे अब और कुछ नहीं चाहिए था। वह बस कमरे से चला जाना चाहता था, मानो कुछ हुआ ही न हो, सिवाय इसके कि उसने अपने बेटे की गलती को सुधार लिया था। मैं यह सोचकर हैरान रह गया कि कैसे यह देश घोटालों और भ्रष्टाचार की ज्वालामुखी पर बैठा है, जबकि यह गरीब आदमी असाधारण ईमानदारी और नेकी का परिचय दे रहा था, मानो यह हम सबको रास्ता दिखा रहा हो।

किस्मत के पलट जाने से मेरी माँ और मेरे पापा बेखबर थे। वे हमेशा की तरह शाम को टहलने निकल गए थे। शायद इस नाकाम कोशिश में कि उस घटना को भूल जाएँ, जिसे कभी भुलाया नहीं जा सकता था और जिसका वह गवाह था। मैं उनके लौटने का इंतजार करता रहा, ताकि उन्हें

बता सकूँ कि बैग मिल गया था।

आकाश को भी भारी राहत मिली। वह अपने पैर मोड़कर और ठुड्डियों को ऊपर की ओर करके बैठा था। वह ऐसा दिख रहा था मानो बहुत बड़ी थकान से बाहर निकला हो। कुछ ही देर में माँ और पापा मुँह लटकाए हुए कमरे में दाखिल हुए। भले ही वे तरोताजा करनेवाली इवनिंग वॉक से लौटे थे, फिर भी उनके चेहरे पर थकान और भय का भाव था।

गुम हुआ बैग टेबल पर रखा था, जहाँ से कोई भी उसे देख सकता था, लेकिन वे सोच ही नहीं सकते थे कि वे असली सौदे को देख सकेंगे। उस कपड़े की दुर्गंध ने उनके लिए कमरे में साँस लेना दूभर कर दिया था, जिसमें वह बैग लपेटकर लाया गया था। उन्होंने अपनी नाक सिकोड़ ली।

'यह अजीब सी गंध किस चीज की है ? राकेश, लगता है तुम अपनी जुराबें कभी धोते नहीं हो!' मेरे पापा ने डाँटा।

माँ भी शामिल हो गईं, 'राकेश अच्छा रहेगा कि तुम अपने भयंकर जूते कमरे के बाहर रखो।

मैं ठहाके लगाकर हँस पड़ा और आकाश ने भरे हुए बैग की तरफ इशारा किया। पापा बैग को ऐसे देख रहे थे, मानो पहली बार देख रहे हों। उन्होंने यह मानकर बैग को उठाया कि वह खाली होगा। जब उन्हें लगा कि बैग के अंदर कुछ है तो उनके चेहरे के भाव बदल गए। उनकी खुशी का ठिकाना नहीं था।

माँ ने राहत की साँस ली और पापा ने यह पूछने से पहले पैसे गिनना शुरू कर दिया कि बैग वापस कैसे मिला। इससे फर्क नहीं पड़ता था कि उनसे क्या छिन गया था और कैसे वापस आया। उस कमरे में फिर से सबकुछ ठीक हो गया था। सबकुछ सामान्य हो गया था और पलक झपकते ही आकाश परिवार का एक स्वीकार्य सदस्य बन गया था।

उस रात का डिनर शानदार था और मुझे अपने माता-पिता के साथ अच्छा समय बिताने का मौका मिला। हालाँकि जल्दी ही परीक्षा सिर पर आ गई और मेरी खुशी को थोड़ा कम कर दिया। मैं एक बार फिर माँ-

पापा और परिवार की दुनिया से बाहर निकला और रैंडम सैंपलिंग, डिमांड ऐंड सप्लाई, इलास्टिक ऐंड इन-इलास्टिक, तथा निगेटिव-ऐंड-पॉजिटिव-एक्टर्निलिटी में खो गया। मेरी तैयारी का कुल पेश मूल्य अकसर संपूर्ण नकारात्मकता में ही सामने आता था। मैं व्यग्र होकर अपनी कुरसी पर बैठा और प्रार्थना करने लगा कि ये इम्तिहान पूरे हो जाएँ और सचमुच की परीक्षा शुरू हो, जीवन की परीक्षा।

□

11

यमुना ब्रिज का भूत

मसूरी की आई.ए.एस. एकेडमी की दिनचर्या इतनी थका देनेवाली थी कि बीच-बीच में वहाँ से दूर फुरसत के कुछ पल बिताना निहायत जरूरी हो जाता था। ऐसी ही एक घटना यमुना ब्रिज के प्रेत से आमना-सामना होने से जुड़ी है।

थका देनेवाले एक खास दिन के बाद हम में से कुछ ने आनेवाले सप्ताहांत में पार्टी करने की योजना बनाई। हमने जगह के चुनाव को लेकर मंथन किया। हमारे सामने जो पहला विकल्प आया वह था धनौल्टी, जो मसूरी के करीब था। वहाँ एक मित्र का छोटा सा मकान था और हमने सुन रखा था कि धनौल्टी एक खूबसूरत जगह है। दूसरा विकल्प था—जॉर्ज एवरेस्ट प्वाइंट। एक और दोस्त यहाँ रहनेवाले किसी को जानता था और उसने हमें देसी चिकन और मटन खिलाने का वादा किया था, वह भी गांधी बाबा दिए बिना ही।

हालाँकि इन जगहों को खारिज कर दिया गया। हमें पार्टी के बाद उसी रात लौट जाना था और दोनों ही स्थान काफी दूर थे, जिसके कारण कम समय में लौटना संभव नहीं था। देर से आने या न आने पर दंडात्मक पी.टी. करनी पड़ती, और तब तक नैतिक रूप से हम या कम-से-कम मैं तो डर ही चुका था।

ओमवीर अकसर मेरे साथ कहीं आने-जाने लगा था। उसने मुझे यमुना ब्रिज के बारे में बताया था, जो पास में ही था। यह एक सुनसान, शांत और ऐसी जगह थी, जहाँ आप किसी को परेशान किए बिना अलाव जलाकर उसके करीब बैठे-बैठे बातचीत कर सकते थे। हालाँकि हमें उस जगह के कुख्यात होने को लेकर भी चेतावनी दी गई थी।

'तो ठीक है, पक्का हो गया, हम शाम को यमुना ब्रिज चलेंगे!' मैंने गंभीरता से घोषित किया। मैं इतनी जबरदस्त पढ़ाई कर रहा था कि सीने से उस बोझ को उतारना जरूरी था और उसके लिए बाहर घूमने से अच्छा उपाय कुछ और हो नहीं सकता था।

ओमवीर, जो अब तक मुसकरा रहा था, क्योंकि हमने जगह के चुनाव में उसकी मदद लेने का प्रस्ताव स्वीकार कर लिया था, अचानक काँप उठा। चेहरे से मुसकान कब की गायब हो चुकी थी।

'श···शाम को?' वह बुदबुदाया।

'और नहीं तो क्या,' मैंने जवाब दिया, 'दिन में तो क्लास है!'

ओमवीर हकलाते हुए बोला। 'सरजी, हम रात को वहाँ नहीं जा सकते हैं।'

'क्यों?' मैं अब खिन्न होता जा रहा था।

'वह जगह निस्संदेह रूप से भूतहा है,' ओमवीर ने कहा, 'उस जगह पर शवों को जलाया जाता है। चिताएँ जलती हैं। दिन में जाना ही ठीक रहेगा।'

मैं उत्तेजित हो गया। 'भूतहा? तुम्हारा कहना है कि हम वहाँ भूत-प्रेतों को देख सकेंगे?'

'भूत ही नहीं···' ओमवीर ने इस उम्मीद में जवाब दिया कि इस नई जानकारी से मुझे वहाँ जाने से रोक लेगा '···बल्कि जंगली जानवर भी।'

शायद ओमवीर को यह समझ नहीं आया कि वहाँ जाने के मेरे इरादे को वह और मजबूत कर रहा था।

'मैं इन बातों पर यकीन नहीं करता!' मैंने फेंकते हुए कहा। मैं अंधविश्वासी नहीं था और इस बात के लिए अपने आप को खुशकिस्मत

समझता था कि मुझे मुक्त, उचित और वैज्ञानिक शिक्षा मिली थी। 'ओमवीर, अच्छा होगा तुम हमारे जाने का इंतजाम कर दो!' मैंने खुशी से चहकते हुए कहा।

ओमवीर सोच में पड़ गया और जब मैंने उसकी पीठ पर हल्की थपकी दी तो झूठी बहादुरी दिखाते हुए मुसकराने लगा।

'आप जैसा कहें, सरजी। हमें वहाँ शाम पाँच बजे तक पहुँच जाना चाहिए। पार्टी करीब तीन घंटे तक चलेगी। लेकिन हमें बहुत-तो-बहुत आठ बजे तक लौट जाना होगा।'

मैंने उसे आश्चर्य से देखा।

'हाँ सरजी, मुझे नहीं लगता कि हमें सूरज ढलने के बाद वहाँ देर तक रुकना चाहिए। वहाँ के इलाके और अँधेरे को देखते हुए हमें एहतियात बरतनी होगी। अच्छा होगा कि आप लोग देरी न करें,' उसने अपनी बात को दोहराया।

मैं खुश भी था और मन में डर भी था। आखिरी बार जब मैंने भूतों के बारे में सुना था तब एक उत्सुक किशोर था। अब मैं बड़ा हो गया था, एक नौकरी थी और यह जिम्मेदारी कि इन बातों पर विश्वास न करूँ। मैं यह भी समझ रहा था कि मुझे अपने कुछ दोस्तों को विश्वास में लेना होगा। मैंने उन्हें बुलाया और योजना की जानकारी दे दी।

'रात को भूतहा जगह पर जाएँगे? क्या साहब?' चंदर सखामुरी ने सवाल उठाया, लेकिन उसकी मुसकान उसके शब्दों पर हावी थी। सखामुरी हमारा नेता था, हमारे बैच के सारे आई.ए.एस. अफसरों का नेता। उसने भारी अंतर से चुनाव जीता था। हर शाम हमारा नेता मेरे कमरे पर आता और मुझे हँसा जाता था।

सखामुरी के साथ खड़ा एक और दोस्त उत्साहित था और उसने मुझे सहमति दे दी। हम सब सिविल सर्वेंट थे, लेकिन हमारे बीच एक मंत्री भी था—आंध्र प्रदेश का अरविंद मंत्री।

चूँकि उनकी सहमति मिल गई थी, इसलिए मैंने ओमवीर से पार्टी की तैयारी करने के लिए कह दिया। उल्टी गिनती शुरू हो गई और मैं उस शाम

का इंतजार करने लगा, जब हम बाहर जा सकते थे और थोड़ी मस्ती कर सकते थे।

वह समय भी जल्दी ही आ गया। सूरज ढलने लगा था। यह शाम दूसरों से कुछ मायनों में अलग थी, क्योंकि हम रोमांचक सफर पर जा रहे थे। मन-ही-मन सोचकर मैं मुसकराने लगा।

मैं नीले ट्रैक सूट में था और थोड़े-बहुत बादलों से घिरे आसमान के नीचे खड़ा था। पाँच बज चुके थे, लेकिन कोई भी मेरे कमरे पर नहीं पहुँचा था। मुझे अब थोड़ा संदेह होने लगा था। क्या पार्टी कैंसिल हो गई थी? क्या सुनसान, भूतों वाली जगह पर हमारा पिकनिक अब नहीं होनेवाला था? क्या मेरे दोस्त आखिर में अपनी हिम्मत हार चुके थे? मैं सोच में डूबा अपने नेता को हर बीत रहे पल के साथ कोसता जा रहा था। पिछले एक घंटे से एक और शख्स, जिसका नाम सुरेंद्र था और जिसे ओमवीर लेकर आया था, अपनी बदहाल, पुरानी कार के साथ हमारा इंतजार कर रहा था। इस बीच ओमवीर ने मुझे पहले ही बता दिया था कि वह यमुना ब्रिज पर पहुँच गया है। खाने और पीने के सारे इंतजाम करने के बाद वह हमारा इंतजार कर रहा था।

मैं नेता को देरी करने के चलते गालियाँ दे रहा था। मैं कान लगाकर अपने कमरे की तरफ होनेवाली किसी भी हलचल को सुन रहा था, लेकिन मुझे सन्नाटे के सिवाय कुछ सुनाई नहीं दे रहा था, जिससे उस रात किसी भूत को देखने का मेरा सपना टूटता जा रहा था।

मैंने ध्यान बँटाने के लिए आकाश से कहा कि वह देखे कि कार अब भी वहाँ खड़ी है या नहीं।

'साहबजी, वहीं खड़ी है,' आकाश ने पलटकर कहा।

ऐसा लगा जैसे सुरेंद्र ने आकाश की बातों को सुन लिया था और अब अधीर होकर हॉर्न बजाने लगा था।

अब तक आकाश को बेचैनी हो गई थी।

'साहबजी, चंदर सर···क्या मैं देख आऊँ कि वे क्या कर रहे हैं?'

'न। उसने वादा किया है। वह आएगा।'

'सर, मुझे जाने दीजिए, मैं जाऊँगा और देखकर आऊँगा कि कैडर कंफर्स की मीटिंग कब तक चलेगी। मैं जानता हूँ, क्या साहब वहीं होंगे। यह कहते ही आकाश झट से कमरे से बाहर निकल गया।

ये 'क्या साहब' या 'व्हाट साहब' (अंग्रेजी में) चंदर का दूसरा नाम था और हम उसे यह कहकर चिढ़ाते थे। ऐसा इस वजह से क्योंकि वह अकसर कुछ उच्चारणों को लेकर अकसर जवाब में क्या साहब कहकर मजाक उड़ाया करता था। आकाश चला गया और मैं कमरे में अकेला ही था।

हालाँकि इससे पहले कि मैं ऊबकर बिस्तर पर गिर पड़ता, मैंने कुछ दूर से कुछ लोगों को बातें करते सुना। जैसे ही दरवाजा खुला मैं खड़ा हो गया।

'सॉरी, राकेश सच में माफ करना!' मैं कुछ कहता इससे पहले ही चंदर बोल पड़ा।

'क्या हुआ?'

अरे यार, कैडर कंफर्ट मीटिंग कुछ ज्यादा ही लंबी खिंच गई!

वह समझ गया कि मेरा गुस्सा ठंडा नहीं हुआ है। वह मुसकराने लगा और पूर्वी यूपी की बोली में हिंदी के कुछ वाक्य बोले। उसकी नाटकीयता ने मेरे गुस्से को ठंडा कर दिया।

'अरे! तुम यह सब कैसे बोल पाते हो?'

चंदर हँस पड़ा। 'मैं अखंड सिंह का रूम मेट था। वही जो आईपीएस था और बाद में उसने आई.ए.एस. क्लियर किया। उसी ने सिखाया! उस बोली में तो मैं कुछ चुनिंदा गालियाँ भी जानता हूँ!'

चंदर अरविंद के साथ आया था और उसने भाषा की कलाकारी से हम सबको खुश कर दिया। हम हँसने लगे। लेकिन तब तक मेजबानी में घोर नाइनसाफी से नाराज सुरेंद्र बेकाबू हो गया था। सफेद पुरानी कार का हॉर्न अब लगातार बजता जा रहा था। शायद अपनी उलझन और बेसब्री के चलते वह हॉर्न पर ही बैठ गया था।

मैंने अपने दोस्तों से फौरन निकलने और जाकर कार में बैठने का आग्रह किया। पलक झपकते ही हम कार में बैठे और वह चल पड़ी। अपने-अपने

मोबाइल पर हम जोर-जोर से बातें कर रहे थे।

सूरज पूरी तरह ढल चुका था और पहाड़ की सड़कें मनहूस दिखने लगी थीं। अपनी मंजिल के बारे में सोचकर अचानक मैं सिहर उठा और अंदर-ही-अंदर काँपने लगा। मेरी बहादुरी हवा हो चुकी थी और मुझे अपने आप पर शक होने लगा था। हमें एक घंटे की देरी भी हो गई थी। मैंने उस जगह के बारे में तरह-तरह की बातें सुनी थीं। ब्रिज पर देर शाम पहुँचने का फैसला बेशक सही नहीं था। लेकिन सबकुछ सही समय पर हो, यह तय करने के बाद भी हमें देरी हो गई थी।

हम चकरा देनेवाले रास्ते से जैसे-जैसे यमुना ब्रिज के करीब आते जा रहे थे, मुझे ऐसा लगा जैसे पेट में कुंडली मारकर बैठा कोई बहुत बड़ा साँप अब लंबा होता जा रहा है। मैं काली होती रात और कभी न सोनेवाली नदी का एहसास कर रहा था, जो हम सबको निगलने की फिराक में थी। इससे पहले कि हम कुछ समझ पाते, आसमान में गर्जना हुई और वह बरस पड़ा। बारिश शुरू होने लगी थी।

ठंड से चीर देनेवाली उन्मत्त हवा, झोंकों का भयंकर रुख, पहाड़ों का बढ़ता आकार, अदृश्य आसमान से गिरती बूँदें और इन सबसे भी कहीं ज्यादा चक्कर ला देनेवाली सड़के के अंधे मोड़ मेरे मन में रह-रहकर सवाल उठा रहे थे कि क्या अब भी मुझे पार्टी के लिए जाना चाहिए।

आखिरकार हम अपनी मंजिल तक पहुँच ही गए, पर हाँ दो घंटे की देरी से। सुरेंद्र ने पहली बार अपनी चिरंतन चुप्पी तोड़ी। काफी देर हो चुकी थी, सात बज रहे थे। ब्रिज सुनसान था और किसी का कोई नामोनिशान नहीं था। हालाँकि ओमवीर चट्टान की तरह डटा था। वह वहीं खड़े होकर हमारा इंतजार कर रहा था और साहस किसी शिला के समान दिख रहा था। मैं यह सोचकर हैरान था कि एकदम अकेले, वह हम सबका इंतजार कैसे कर सका।

हम कार से उतरे। सब कुछ देर के लिए एकदम चुप हो गए। शायद वे अपने मन और शरीर को अभ्यस्त करने का प्रयास कर रहे थे। उस गहरी खामोशी में मैं बस हवा के कराहने को सुन रहा था, एक ऐसी आवाज जिसे

मैं बता नहीं सकता। मैं बस इतना कह सकता हूँ कि मेरे पैर मेरे बोझ को सँभालने में नाकाम होते दिख रहे थे। हर बीतते पल के साथ वह गर्जना हमारे करीब आती जा रही थी, जिसे शब्दों में बताना मुश्किल है।

मैंने आकाश, सुरेंद्र और ओमवीर को देखा, जो चारों तरफ शक की नजर से देख रहे थे। मेरे दोनों बैटमेट चंदर और अरविंद भी मेरी ही तरह विचलित थे। हम जैसे-जैसे उस अलाव की तरफ बढ़ रहे थे, जिसे ओमवीर ने हमारे लिए जला रखा था, बाकी साथी भी पहुँच गए। उनमें पंकज, जो एकेडमी का दिहाड़ी कर्मचारी था, मिस्टर सोनकर, जो एक स्थानीय हिंदी अखबार के पत्रकार थे और आकाश का छोटा भाई, उत्तम शामिल थे।

अचानक सामने के घने पेड़ों ने खुशी में भयंकर नृत्य शुरू कर दिया। हम मूसलधार बारिश झेल रहे थे और उसके साथ ऐसी हवा चल रही थी कि हम इधर-उधर होने लगे। पल भर में पहाड़ों के बिगड़े मौसम ने हमें अपनी चपेट में लिया था। अब और भी मोटी-मोटी बूँदें पड़ रही थीं, हवा भी गर्जना कर रही थी, पेड़ झूम रहे थे और बादलों से घिरे आसमान में बिजली कड़क रही थी। अपने साथियों की बात तो मैं नहीं जानता, लेकिन मैं बुरी तरह से डर गया था। किसी डरावनी फिल्म जैसे हालात बन गए थे। अगर मैं उसमें नहीं होता तो हँस भी लेता। किसी भयानक फिल्म के लिए जरूरी माहौल तैयार था और जो यह देखना चाहते थे कि भूत होते हैं या नहीं वे भयंकर तूफान में फँस गए थे, जहाँ सिर छुपाने का दूर-दूर तक कोई ठिकाना नहीं था।

मेरी नाम मात्र की दृष्टि अँधेरे के चलते घुटने टेक चुकी थी और हर गुजरते पल के साथ ऊँची होती जा रही हवा की चीख ने मेरे सुनने की क्षमता को भी कमजोर कर दिया था। हमें शरण लेने के लायक एक जगह मिली, जहाँ हम सब इकट्ठा हो गए और अपने-अपने थरमस से चुस्कियाँ लेने लगे। एक नई ऊर्जा देनेवाली गरम चाय ठंडे गले में उतरी तो थोड़े सुकून का एहसास हुआ।

शुक्र था कि बारिश जितनी जल्दी शुरू हुई थी, उतनी ही जल्दी रुक भी गई। मौसम बेहतर हुआ और हम अपनी पनाहगाह से निकलकर आगे बढ़

सके। गरम प्रेशर कुकर में मछली अब तक सही सलामत थी। हमने अपनी-अपनी पसंद का ड्रिंक लिया और बैठकर बातें करने लगे।

हम सभी में आकाश का छोटा भाई उत्तम ही था, जिसने पहले कभी शराब नहीं पी थी। इस प्रकार हम पतितों की मंडली का वही एक अपवाद था। एक के बाद एक गिलास खाली होते जा रहे थे और मैं तभी घूँट लगाते चेहरों को देख पाता था, जब बिजली कड़कती थी।

एक के बाद एक, दो पैग गटकने के बाद आकाश अपने रंग में आ चुका था। उसे लगा कि अलाव बुझता जा रहा है।

'साहबजी, अगर आप कहें तो मैं अलाव के लिए कुछ लकड़ियाँ चुन लाता हूँ।'

मैं कुछ कहता, इससे पहले वह हम सबसे अलग हुआ और हमारे आस-पास के जंगलों में गुम हो गया। मैं उससे पूछनेवाला था कि इतनी बारिश के बाद उसे सूखी टहनियाँ भला कहाँ मिलेंगी, लेकिन वह मेरी आवाज की पहुँच से दूर जा रहा था। एक-एककर हममें से कई ने इस मुश्किल समय में अपना दम दिखाने के लिए उसे ढूँढ़ने निकल गए। अब उस ग्रुप में से हम तीन ही रह गए थे, क्योंकि बाकी अँधेरे में गुम हो चुके थे।

पंकज मुझसे बातें कर रहा था, जबकि उत्तम अपने ड्रिंक का मजा ले रहा था।

पंद्रह मिनट बाद मुझे एहसास हुआ कि अब तक कोई भी लौटकर नहीं आया था। ऐसा लगा मानो सदियाँ गुजर गईं और अब मेरे मन में कई सवाल उठने लगे थे। इस बीच पंकज के सेलफोन पर किसी का फोन आया और प्राइवेसी के लिए वह कुछ दूर चला गया।

मुझे अपने बैच मेट्स की चिंता ज्यादा सता रही थी, क्योंकि वे स्थानीय नहीं थे और इन जंगलों के बारे में कुछ नहीं जानते थे। अरविंद और चंदर आकाश के पीछे गए थे, जो लड़कियाँ लाने गया था और अब तक नहीं लौटे थे। मैंने अपने आपसे पूछा कि आखिर वे गए कहाँ?

तभी मैंने उत्तम की चीख सुनी।

पलटकर मैं भी लगभग चीख उठा, 'क्या! क्या हुआ? तुम चीख क्यों रहे हो?'

'साहबजी,' उत्तम हाँफने लगा, 'थोड़ी दूरी पर मुझे कुछ दिखाई पड़ा है! कुछ सफेद!'

मेरी तो जैसे पैंट ही गीली हो गई। लेकिन मैं समझ रहा था कि इस समय मुझे हौसला दिखाना होगा।

'श्श! कुछ भी नहीं है। बस कुछ चीजों को देख रहे हो। आराम से ड्रिंक के मजे लो!'

कुछ देर तक हम अँधेरे में इंतजार करते रहे। कोई भी नहीं लौटा। आखिरकार मेरे पास कोई विकल्प नहीं रह गया था, लेकिन कोई और विकल्प न होने पर मैंने देखने के काबिल उत्तम को ही चुना। उससे कहा कि वह टीम के गुम हुए सदस्यों को ढूँढ़ने जाए। मैंने पहले यह देख लिया कि उत्तम होश में है या नहीं और फिर दूसरों को ढूँढ़ने और उन्हें लेकर आने के लिए भेजा। मैंने उससे यह भी कहा कि दस मिनट से ज्यादा न लगाए। अब मैं अकेला था और एक चट्टान पर बैठकर अपना ड्रिंक ले रहा था। शुक्र था कि कुछ दूर से पंकज के फोन पर बातचीत करने की आवाज सुनाई दे रही थी।

इससे पहले कि उत्तम लौटता, पंकज वापस आ गया। मैंने उससे बात करने और अपने आस-पास किसी इनसान के साथ होने का एहसास करने के लिए मुँह खोला ही था कि पंकज सिसकने लगा।

'पंकज! क्या हुआ? तुम रो क्यों रहे हो?'

मुझे समझ नहीं आ रहा था कि क्या करूँ।

'साहबजी,' उसने रोते हुए कहा, 'मेरे चाचा का आज सुबह देहांत हो गया। मुझे अभी-अभी फोन पर खबर मिली।'

मुझे उसकी बात सुनकर दुःख हुआ। मैं डरा हुआ था, लेकिन उस समय मुझे एक दोस्त को सहानुभूति देनी थी। मैंने किसी तरह कुछ साहस जुटाया और उसकी पीठ को थपथपाया।

गरजती नदी के किनारे पंकज के आँसुओं की धारा बह निकली थी और

अब मैं बहुत ज्यादा डर गया था। मैं खिलखिलाने लगा, यहाँ तक कि मुझे भी समझ नहीं आ रहा था कि क्यों, फिर लगा कि मुझे चढ़ गई थी।

इन सबके बीच मुझे कुछ विचित्र दहाड़ सी सुनाई पड़ी और उसके साथ ही गड़गड़ाहट और बिजली ने चारों ओर दिन के जैसा उजाला कर दिया। पंकज इतनी बुरी तरह रो रहा था, मानो वह बोझिल आसमान को कोस रहा हो। वह अब तक पूरी तरह बदल चुका था, वह भी बीयर की कुछ चुस्कियों के बाद। उसने जमीन पर अपनी मुट्ठियों को पटकना शुरू कर दिया, मानो वह उसके टुकड़े-टुकड़े कर देगा। मुझे उसकी सुरक्षा की चिंता थी, लेकिन किसी तरह का आधिकारिक व्यवहार थोपना नहीं चाहता था। जल्दी ही उसकी सिसकियाँ गुस्से में बदल गईं। उसके व्यवहार में आया नाटकीय बदलाव बड़ा अजीब लग रहा था, मानो बीयर की मात्रा उसके गुस्से की आनुपातिक हो। एक या दो बोतल के बाद वह किसी को बुरी तरह गालियाँ दे रहा था।

तभी पंकज अचानक खड़ा हो गया और अलग-अलग तरह की आवाज में मुझसे कहने लगा। एक पल के लिए मुझे लगा कि वह मजाक कर रहा था। लेकिन ऐसा नहीं था। फिर अचानक वह मेरे पैरों पर आकर गिर पड़ा और खड़े होकर अपनी ही शर्ट फाड़ डाली। मैं समझ नहीं पाया कि उसने ऐसा क्यों किया, और उसने अपने आप को कितना नुकसान पहुँचाया, लेकिन उसकी कलाबाजी मुझे झकझोरकर होश में लाने के लिए काफी थी। मेरा दिमाग चौकन्ना हो गया।

मुझे लगा कि पंकज नदी की ओर बढ़ रहा है, जैसे उसमें छलाँग लगा देगा। अब मैं मूक दर्शक नहीं बना रह सकता था। मैंने पूरी ताकत से यह देखने का प्रयास किया कि उसकी काया आखिर कहाँ दिख रही है और फिर उसका हाथ पकड़ लिया। अगर मुझे एक सेकेंड की भी देरी होती तो वह नदी में छलाँग लगा देता। यह देखकर कि वह कितने नशे में है, मुझे यकीन है कि वह तुरंत डूब जाता।

हालाँकि पंकज को मेरी चिंता की परवाह नहीं थी। उसे रास्ते में मेरा आना भी अच्छा नहीं लगा। वह हाथ छुड़ाकर कूदना चाहता था और सचमुच

मैं उसे अपनी जान गँवाने से रोकने के लिए जो कुछ कर सकता था, कर रहा था। आखिरकार वह कमजोर पड़ गया, उसके शरीर से सारा संघर्ष मेरे सिर पर चोट मारने के रूप में निकल गया। भगवान् जानता है कि कैसे मैंने उसे काबू में किया। उस पल मैंने दंडात्मक पी.टी. और एकेडमी के जिम्नेजियम को धन्यवाद दिया, जिसने मुझे ढाला था और इतनी ताकत दी थी कि एक नेत्रहीन भी एक ऐसे नौजवान से संघर्ष कर सका और उसे नदी में कूदने से रोक सका।

वह जमीन पर बैठ गया और बड़बड़ाया, सुबका और फिर फूट-फूटकर रोने लगा। करीब दस मिनट बाद वह फिर से सामान्य हो गया।

'तुम्हें क्या हो गया था पंकज?' मैंने उससे पूछा, यह जानते हुए कि उसकी बेवकूफी के लिए उसे डाँटने से ज्यादा जरूरी यह समझना था कि उसने ऐसा व्यवहार क्यों किया। मैं बाद में कभी भी उसे डाँट सकता था, जब वह होश में आ जाए और मैं जो कहूँ उसे सुनने की स्थिति में हो।

'सरजी, मेरे चाचा की आज सुबह मौत हो गई। यह मेरे परिवार के लिए बहुत बड़ा संकट है। मुझे अभी-अभी पता चला कि उनका अंतिम संस्कार इसी क्रूर नदी के किनारे कहीं किया गया है। यही है वह नदी! वही जहाँ मैं नशे में धुत्त हो रहा हूँ। मैंने कुछ दूर अपने चाचा को देखा, वे नदी के बीच से मुझे हाथ हिलाकर साथ आने के लिए बुला रहे थे। आपने मुझे मेरे चाचा से मिलने से हमेशा-हमेशा के लिए रोक दिया।

वह और कुछ बोल नहीं पाया। मैं समझ नहीं पा रहा था कि उसे दिलासा देने के लिए क्या कहूँ। हम दोनों अँधेरे में नदी की तरफ देखते हुए खड़े थे। वहाँ इतना अँधेरा था कि मैं भूल ही गया था कि मैं देख नहीं सकता और मुझे पहली बार एहसास हुआ कि मेरी नेत्रहीनता अँधेरे में उतनी ही कष्टदायी हो सकती है, जितना कि रोशनी में।

शुक्र था, आकाश दिख गया। वह अपने हाथों में लकड़ियाँ लेकर आया था। उसे देखकर बड़ा सुकून मिला!

'कहाँ थे तुम?' मैं चिल्लाया।

वह शुरू हो गया। 'क्या साहबजी, मैंने आपको बताया था न कि मैं लकड़ियाँ लेने जा रहा हूँ!'

मैं उसे गुस्से से देख रहा था।

उसने जल्दी से लकड़ियाँ रखीं और अचानक उसकी नजर पंकज पर पड़ी, जो अब किसी चट्टान के किनारे पर बैठकर अपने आप से बातें कर रहा था। आकाश ने जल्दी-जल्दी पंकज से फुसफुसाते हुए कुछ कहा और कुछ देर बाद आकाश बोला, 'साहबजी, इसका तो काम हो गया!'

'काम हो गया?'

'हाँ, चलिए इसे यहीं बैठने दीजिए। हम कुछ कर भी नहीं सकते।'

मैं उसकी बात से सहमत था।

'उत्तम कहाँ है?'

यह सवाल जैसे मेरे कानों में चुभ गया। पंकज को खुदकुशी से रोकने के चक्कर में मैं उत्तम को तो भूल ही गया था!

'अरे, मैंने उसे तुम्हें ढूँढ़ने भेजा था...'

'कब?'

'कुछ देर पहले। वह अब तक नहीं लौटा! उम्मीद है वह ठीक-ठाक होगा।'

'चिंता मत कीजिए, साहबजी, वह अपना खयाल रख सकता है।'

मानो उसने हमें सुन लिया हो, तभी उत्तम, मिस्टर सोनकर, चंदर और अरविंद के साथ आता दिखा। ऐसा लग रहा था कि सबको चढ़ गई थी। सब हँस रहे थे और मस्ती में एक-दूसरे से धक्का-मुक्की कर रहे थे। इसलिए मैं जहाँ जीवन और मृत्यु के बीच यहाँ फँसा था, वहीं ऐसा लग रहा था, मानो मेरे दूसरे साथी जंगलों में सुहानी सैर कर रहे थे!

'तुम सब कहाँ चले गए थे?'

'बस इधर-उधर घूम रहे थे!'

मैंने उन्हें पंकज के रवैये के बारे में बताया और आकाश अचानक गंभीर हो गया।

'साहबजी···' अचानक उसकी आवाज दब गई।

मैं जानता था, वह कुछ कहना चाहता है।

'कहो-कहो।'

आकाश हिचकिचाया फिर कहा, 'साहबजी, पंकज पर एक आत्मा सवार हो गई थी। उसके चाचा की मौत आज नहीं हुई। वह लंबे समय पहले ही मर चुके हैं। कभी-कभी जब हम ऐसे काम करते हैं, जो नहीं करना चाहिए, तब आत्मा हमें सजा देने के लिए आती है। आज यही हुआ है।'

'सच में?'

'हाँ। मैं आप सबको बता दूँ कि हमें कभी ऐसी जगहों पर न तो खाना चाहिए, न ही पार्टी करनी चाहिए। यह जगह भूतहा है। लकड़ी इकट्ठा करते समय मुझे इस गाँव का एक आदमी मिला। उसने मुझे सख्त हिदायत दी कि मैं जितनी जल्दी हो सके, यहाँ से भाग जाऊँ।'

ठीक उसी समय एक धीमा, भारी गले से निकलने वाली आवाज हम सबको सुनाई पड़ी। उत्तम ने एक बार फिर कुछ दूरी पर इशारा किया और चीखा कि पेड़ों के बीच सफेद सा कुछ घूम रहा है। चूँकि मैं कुछ भी देख नहीं सकता था, इसलिए मैंने अपने आस-पास की अप्राकृतिक आवाजों को सुनने पर ध्यान लगा दिया।

चंदर और अरविंद एक-दूसरे को भय के साथ देखने लगे। मैंने पंकज की ओर देखा और पाया कि वह अब भी अपने आप से बड़बड़ाते हुए कुछ कह रहा है, लेकिन वह आवाज निश्चित रूप से उसकी नहीं थी।

मैं अब और नहीं सह सकता था। न ही दूसरे इसके लिए तैयार थे। हमने फटाफट अपना डिनर खत्म किया, जो गंदगी फैलाई थी, उसे साफ किया और जितनी जल्दी संभव हो सका, वहाँ से निकल गए।

लौटते समय मैं फिर से सोच रहा था, क्या सच में भूत जैसी कोई चीज होती है? क्या ऐसी चीजें होती हैं, जिनका अनुभव मैं देख, छू, स्वाद, गंध और सुनकर नहीं कर सकता हूँ? आखिर कैसे मैं अपनी वैज्ञानिक शिक्षा को अपने चारों ओर व्याप्त अंधविश्वास के साथ मिला सकता हूँ? मुझे लगता

था कि मेरे पास सारे जवाब हैं, पर क्या वे थे?

इसने एक नौकरशाह के तौर पर मुझे एक और सबक सिखाया। मैं जब सक्रिय रूप से अंधविश्वास से लड़ रहा था तब स्थानीय, मूल लोगों की बातों का भी सम्मान करना चाहिए। हमने अपनी न्यायवादी और उन्मुक्त सोच के साथ अज्ञात को चुनौती देने का प्रयास किया था, लेकिन उसने हमारे ऊपर एक कड़वा प्रभाव छोड़ा। मैं यह नहीं कह रहा हूँ कि भूत होते हैं, लेकिन हाँ, अज्ञानता और वह सोच हमेशा हमारे पीछे पड़ी रहती है कि हम हमेशा सही होते हैं। हम नहीं होते। बुद्धिमानों ने इसे समझ लिया है और इस देश के बारे में एक अच्छी बात यह है कि हमारे बीच हर किसी के विश्वास के लिए पर्याप्त जगह है। वह जो चाहे सोच सकता है। तब तक जब तक कि दूसरों को नुकसान न पहुँचाए।

हम देर रात एकेडमी पहुँचे। मैं इतना थक गया था कि तकिए पर सिर रखने से पहले ही नींद में आ चुका था। मैंने अपने आप से कहा कि कल एक नया सबक सीखने का दिन होगा। मैं यह सोचकर भी खुश था कि मुझे उस रात कोई डरावना सपना नहीं आएगा। वैसे भी एक तो मैंने अभी-अभी देखा था।

□

12

चारों ओर रोशनी हो

सिविल सेवा ट्रेनिंग प्रोग्राम का एक अभिन्न हिस्सा है, भारत दर्शन। प्रत्येक प्रशिक्षु अधिकारी को देश के विभिन्न हिस्सों में ले जाया जाता है, ताकि हम वहाँ के बारे में और ज्यादा जान सकें और प्रशासकों तथा सरकारी सेवकों के रूप में और अच्छा प्रदर्शन कर सकें। पूरे भारत का भ्रमण करने के बाद हम आखिर में नई दिल्ली रेलवे स्टेशन पहुँचे। हम सभी के दोनों हाथों में भारी-भरकम बैग थे। हमारे दिमाग में सैन्य उपकरणों जैसे एम-4, एलएमजी, एके-47, टेवर, इनसास तथा अन्य हथियार और गोला-बारूदों की यादें ताजा थीं, जिन्हें हमने सेना के अटैचमैंट कैंप के दौरान देखा था। हमने शक्तिशाली मिग-29 को भी गर्व से याद किया, जो भारतीय वायु सेना के ताज का एक रत्न है और भारतीय नौसेना के जंगी जहाजों की याद भी आ रही थी।

पिछले कुछ हफ्ते कई चीजों की यादों से गड्मड्ड जैसे थे। हम जनजातीय अटैचमेंट, औद्योगिक अटैचमेंट, मंदिर अटैचमेंट और नक्सल अटैचमेंट और ऐसे ही तमाम अटैचमेंट का अनुभव कर चुके थे, जहाँ प्रशिक्षु अधिकारियों को वास्तविक जीवन की घटनाओं के बीच उन्हें देखने और उनसे सीखने के लिए उतार दिया जाता है। पिछले दो महीनों में हमारा ग्रुप बेहतरीन ढंग से हिल-मिल गया और एकेडमी में जहाँ हमारी जान-पहचान बहुत संक्षिप्त थी, वह अब दोस्ती और भाईचारे के मजबूत बंधनों के रूप में

विकसित हो चुकी थी। बेशक यह हमारे लिए सीखने का एक गहन पल था और हम जब दो महीने की सर्दियों के स्टडी टूर से लौटे, जो हमारे प्रोबेशन का एक हिस्सा था, तब हम बेहतर स्त्री और पुरुष बनकर लौटे थे। हमने जो कुछ देखा, जो कुछ अनुभव किया और जो कुछ सीखा वह हमारे जीवन के अंत तक हमेशा हमारे साथ रहेगा।

मैं चौदह अन्य के साथ सफर कर रहा था। इस प्रकार हमारा पंद्रह प्रोबेशनरों का एक समूह था, जिनकी अलग-अलग पृष्ठभूमि और अलग-अलग व्यक्तित्व थे और जिन्हें इस स्टडी टूर ने एक समष्टि में बाँध दिया था। नई दिल्ली में हमारे आगमन पर ऐसा महसूस हुआ जैसे हम विभिन्न सौर मंडलों के लंबे सफर के बाद धरती पर पहुँचे थे।

हम सारे पंद्रह लोग स्टेशन पर एक झुंड में टूटे ट्रॉली बैग लिये खड़े थे और दो महीने के मैराथन टूर के बाद खोए पुर्जों को याद कर रहे थे। हम बस एक-दूसरे को देखे चले जा रहे थे और इस बात को लेकर सजग थे कि अब तक हमने क्या कुछ देखा और झेला था। एकेडमी से कोई हमें लेने आनेवाला था और हम सब उसका ही इंतजार कर रहे थे। भीड़ से अलग निकलते हुए हमने प्लेटफॉर्म नंबर 1 पर एक अपेक्षाकृत खाली जगह देखी और वहीं कैंप बना लिया। अब तक एकेडमी के कष्टकारी शारीरिक व्यायाम का प्रभाव समाप्त हो चुका था। कोई भी स्त्री या पुरुष अपने मूल आकार में नहीं थी या था। ट्रिप के दौरान जमकर भोजन करने के बाद हम सब गोल-मटोल हो चुके थे। मांस के ढेर ने चिपके गालों को भर दिया था और पिछले दो महीने में चेहरे काफी परिपक्व हो चुके थे। हमने वजन और बुद्धि दोनों प्राप्त किया था।

हम सब स्टेशन की दयनीय स्थिति को लेकर बातें कर रहे थे। न जाने क्यों हम सब भूल गए थे कि हमारे चारों ओर जो गंदगी थी, उसके लिए आखिरकार नौकरशाह ही जिम्मेदार हैं। हम सरकार या सिस्टम पर और आरोप नहीं लगा सकते थे, क्योंकि अब हम भी उसी सिस्टम के अभिन्न अंग बन चुके थे।

मैं अपने ग्रुप के साथ खड़ा था। सभी ने सामानों को चारों ओर से घेर

रखा था, ताकि कहीं कोई चोर उन्हें उड़ा न ले जाए। इस बीच एकेडमी से कोई आखिरकार यह बताने के लिए आ ही गया कि हमारी चिंता किसी को अब भी है। हमें अगले दिन सम्राट् होटल पहुँचने के लिए कहा गया था, क्योंकि हमें निश्चित समय पर भारतीय संसद् के दौरे पर जाना था।

मैंने खुश होते हुए एक गहरी साँस ली। इस पल का इंतजार मुझे न जाने कब से था और अगले दिन मैं उसका आनंद लेनेवाला था। भारतीय संसद्, यानी लोकतंत्र के मंदिर में विशेष दौरे पर जाने की बात सुनकर ऐसा लग रहा था, जैसे कोई सुहाना सपना हो और मैंने चिकोटी काटकर देखा कि मैं जो सुन रहा हूँ वाकई वह सच ही है न।

अचानक मैंने किसी की आवाज सुनी। मुझे लगा जैसे कोई जोर-जोर से मेरा नाम पुकार रहा है। साथ ही भीड़ को चीरता हुआ मेरी तरफ बढ़ रहा है।

कौन हो सकता है, मैं सोचने लगा?

कौन मेरा नाम पुकार रहा है? वह यहाँ क्यों नहीं आ सकता है?

जल्दी ही, मैंने उस आवाज को करीब आते सुना।

'राकेश! राकेश सिन्हा! अरे मैं हूँ!'

'मैं?' मैं भी चिल्लाया, ताकि शोर-शराबे के बीच वह मेरी आवाज सुन ले। 'कौन हैं आप?'

'प्रदीप सिंह सैनी! अरे मैं हूँ, प्रदीप! छुटमालपुर से!'

मेरा दिमाग तेजी से चलने लगा, जबकि अन्य आई.ए.एस. प्रोबेशनर मेरी तरफ आश्चर्य से देखने लगे। प्रदीप...सैनी...छुटमालपुर... । ये नाम सुने से लग रहे थे।

'मैं तुम्हारा क्लासमेट था, राकेश। याद है?'

अचानक मन में एक बिजली कड़की और याद आ गया कि यह कौन था, जो मेरा नाम पुकार रहा था। 'ओह माइ गॉड! प्रदीप! कैसे हो तुम?'

'मैं ठीक हूँ! तुम?'

'बहुत अच्छा! लेकिन तुमने मुझे पहचाना कैसे?' मैं जानता था कि अगर प्रदीप उसी स्कूल में पढ़ रहा था जहाँ मैं, तो उसके साथ भी देखने की

वैसी ही समस्या होगी, जैसी कि मेरे साथ थी।

'मैंने तुम्हें सेल फोन पर बात करते सुना, राकेश। मैंने तुरंत तुम्हारी आवाज को पहचान लिया! मेरे दोस्त ने बताया कि तुम कुछ लोगों के साथ हो। तुम भीड़ में खोने ही वाले थे कि मैंने तुम्हारा नाम ऊँची आवाज में पुकारना शुरू कर दिया।'

उसकी आवाज ने मेरे दिमाग के कुछ हिस्सों को सक्रिय कर दिया। यादों का सिलसिला सैलाब की तरह उमड़ने लगा और मैंने उसका हाथ थाम लिया। इतने दिनों बाद किसी पुराने साथी से फिर से मिलना बहुत अच्छा लग रहा था और वह भी इस आश्चर्यजनक रूप से! हम अपने ग्रुप से थोड़ा दूर चले गए और एक खाली बेंच पर बैठ गए।

शुरुआती औपचारिकताओं के बाद प्रदीप ने मुझसे वह प्रश्न पूछा, जो हम सभी को उस वक्त किसी बुरे सपने की तरह डराता था कि स्कूल से निकलने के बाद हम अपनी रोजी-रोटी कैसे कमाएँगे। हम सभी के मन में कहीं यह बात थी कि दृष्टि-बाधितों के लिए अवसरों की कमी कहीं हमारे सपनों का अंत न कर दे।

'तुमने कमाना शुरू कर दिया? कहाँ काम करते हो तुम?' प्रदीप ने उत्सुकतावश पूछा।

इससे पहले कि मैं जवाब देता, वह मेरे जवाब की चिंता किए बिना ही बोल पड़ा, 'आखिरकार, मुझे एक नौकरी मिल गई है!'

'सच में!'

'हाँ,' उसने स्वाभाविक रूप से कहा। 'मैं पिछले दो साल से यहाँ काम कर रहा हूँ। अगर तुम्हें कोई दिक्कत हो तो सीधे मेरे पास चले आना।'

मैंने मन-ही-मन किसी पुराने साथी की मदद करने की उसकी इच्छा की सराहना की। 'क्या तुम रेल विभाग में काम करते हो?' मैंने इस कारण पूछा, क्योंकि उससे रेलवे स्टेशन पर मिला था और यहाँ उसे काफी सहज पाया।

प्रदीप मुसकराने लगा। 'हाँ, रेलवे के लिए, लेकिन किसी विभाग के जरिए नहीं।'

हम दोनों ठहाके लगाकर हँसने लगे, क्योंकि उसने बताया कि वह रेलवे प्लेटफॉर्म पर पुस्तकें बेचता है। अब मैं समझा कि क्यों वह मेरा नाम पुकार रहा था, लेकिन मेरी आवाज सुनकर भी सीधे मेरे पास क्यों नहीं आया। उसे मेरी आवाज सुनने के बाद पहले अपना सामान बाँधना था, फिर उसने मेरी आवाज को सुना, तब उसकी दिशा में मेरा नाम पुकारते हुए आया था, ताकि मैं जान जाऊँ कि वह मुझे ढूँढ़ता आ रहा है।

प्रदीप ने दलील दी, 'लोग कुछ चुराने में सेकेंड भर भी नहीं लगाते। यह दिल्ली है, देहरादून नहीं है।'

फिर प्रदीप ने नई दिल्ली रेलवे स्टेशन पर अपने बुरे अनुभवों के बारे में बताया।

'लेकिन सितार बजाते-बजाते तुमने अचानक प्रेमचंद कैसे पढ़ना शुरू कर दिया, वह भी पढ़ने के उपकरण के बिना?' मैं जानता था कि प्रदीप को पुस्तकें पढ़ना अच्छा लगता था, लेकिन इस वक्त उसके पास जो पुस्तकें थीं, वह ब्रेल की नहीं थीं। मैं जानना चाहता था कि वह उन्हें कैसे पढ़ता है। क्या उसने अपना इलाज करा लिया था?

मैं ट्रेन के आने-जाने की आवाजें, विशालकाय इंजनों को कभी करीब तो कभी दूर से शोर करते सुन रहा था। मैं इस बात का इंतजार कर रहा था कि प्रदीप मेरे सवालों के जवाब दे सके। उसका चेहरा सिकुड़ने लगा। उसने कहा, 'मैं खुद इन पुस्तकों को नहीं पढ़ता हूँ। ये रेल के मुसाफिरों के लिए हैं। मैं इन्हें अपनी आजीविका के लिए इन्हें बेचता हूँ।'

उसने बिना किसी लाग-लपेट मुझसे सारी बातें कह दीं। शायद वह समझ नहीं पाया था कि मैं रेलवे स्टेशन पर क्यों आया था। मुझे अच्छा महसूस कराने के लिए, उसने कहा, 'तुम चिंता मत करो। मैं जब यहाँ आया था तब अकेला था पर तुम नहीं हो। अगर तुम मेरे साथ काम करना चाहो तब भी मैं तुम्हें सही रास्ता बता दूँगा। साथ ही ग्राहकों को समझना भी सिखा दूँगा। जैसे बंगाल और दक्षिण भारत के लोग अर्थशास्त्र से जुड़ा साहित्य पसंद करते हैं और हिंदी क्षेत्र वाले अधकचरे उपन्यास! मैं...'

बिना सोचे ही मैं बोल पड़ा, '...लेकिन इस प्लेटफॉर्म पर मैं काम करने नहीं आया हूँ!'

प्रदीप अचानक चुप हो गया।

'नहीं?'

'नहीं।' मैंने पुष्टि की।

'फिर तुम यहाँ क्या कर रहे हो?'

'मैं अभी-अभी एक ट्रेन से यहाँ पहुँचा था।'

'कौन सी ट्रेन?' प्रदीप ने शक जताते हुए पूछा।

'राजधानी।'

'राजधानी!' प्रदीप हैरान रह गया। 'तुम्हें उसमें सफर करने का मौका कैसे मिल गया?'

'बस कुछ नौकरी से जुड़ा मामला है,' मैंने वैसे ही कह दिया।

प्रदीप ने मेरी तरफ अविश्वास के साथ देखा।

'तुम्हें नौकरी मिल गई?'

'बिल्कुल।'

'कौन सा विभाग?'

'वैसे सच कहूँ तो अब तक कोई विभाग नहीं मिला है।'

मैंने अपने बारे में और ज्यादा कुछ बताने की बात को टाल दिया। मुझे डर था कि उसे यह जानकर बुरा लगेगा कि एक आदमी, जो उसके जितना अच्छा नहीं था, वह अब एक सिविल सेवक है और वह स्वयं रेलवे प्लेटफॉर्म पर पुस्तकें बेच रहा था।

कुछ पलों बाद उसने मेरे दोनों हाथों को अपने हाथों में ले लिया। तब तक एकेडमी के किसी स्टाफ ने मुझसे कहा कि ब्रीफिंग के लिए देर हो रही है और हमें चलना चाहिए।

'चलो होटल सम्राट् चलते हैं,' मैंने प्रदीप से कहा, क्योंकि मैं उसके साथ थोड़ा और वक्त बिताना चाहता था, 'यह इंडिया गेट के पास ही है। मेरे दोस्त की गाड़ी स्टेशन के बाहर इंतजार कर रही होगी।'

प्रदीप सैनी ने अपना बड़ा सा सिर हिलाया। वह इस बात को लेकर पूरी तरह असमंजस में था कि मेरे अनुरोध का क्या जवाब दे। वह कभी किसी होटल में नहीं गया था।

उसने बस इतना कहा, 'नहीं, नहीं, अच्छा रहेगा कि हम बस से चलें। वह हमें तुरंत मिल भी जाएगी···स्टेशन के बाहर से। मैं बस नंबर और रूट भी जानता हूँ।'

प्रदीप ने पुस्तकों के ऊँचे ढेर को एक गंदे सफेद कपड़े में बाँधा, जो मुझे लगा कि स्कूल के समय में चुराई गई बेडशीट थी। प्रदीप आज भी वही पतलून पहनता था, जो स्कूल से मिला था। मेरे अंदर कुछ जैसे टूटा और मैं रोने लगा।

मैंने किसी तरह उसे मनाया कि वह मेरे साथ कार में ही आए। पहले तो वह कतई मानने को तैयार नहीं था, लेकिन बाद में राजी हो गया।

'कार? तुम्हारे पास कार है?'

'वह मेरी नहीं है। सरकार ने मुझे दी है।'

'सरकार? तुम सरकार के लिए काम करते हो?'

'हाँ।'

'कहाँ?'

'मैं एक सरकारी अधिकारी।' मुझे एहसास हो गया था कि मैं अब इस बात को और नहीं छिपा सकता था।

'अधिकारी! कहाँ?' उसने जोर देकर पूछा।

'आई.ए.एस.,' आखिरकार मुझे बताना पड़ा।

पहले तो वह इतना सोच ही नहीं सका, लेकिन जब उसे एहसास हुआ, तब उसने मुझे गले लगा लिया और रो पड़ा। शायद मेरे आई.ए.एस. बनने से उसे अपना सपना भी सच हुआ दिख रहा था।

मैंने उस कार तक उसकी पुस्तकें ले जाने में मदद की, जो हमारा इंतजार कर रही थी और उसे एमबेसडर की डिक्की में डाल दिया। लाल बत्ती लगी कार, जब दिल्ली की ट्रैफिक को चीरती निकल रही थी तब मैं बस स्कूल

में प्रदीप के स्टार स्टेटस के बारे में सोच रहा था। वह पढ़ाई और एक्सट्रा करिकुलर एक्टिविटी में सचमुच बहुत अच्छा था।

प्रदीप चुपचाप बैठा, कार की खिड़की से बाहर व्यस्त, क्रूर दिल्ली को घूर रहा था। शायद वह अपने जीवन में पहली बार किसी कार में बैठा था। उसका मुँह कभी खुलता तो कभी बंद होता, जिससे उसकी असहजता का एहसास हो रहा था। मैंने जीवन में कभी सोचा नहीं था कि इस तरह उसके साथ किसी कार में बैठकर एक शब्द कहे बिना ही इतना कुछ कह सकूँगा। यह चुप्पी डराने वाली और इस लिहाज से बहुत भारी थी कि इसने मुझे दिखा दिया कि जीवन कितना बुरा मोड़ ले सकता है और कैसे सपने बिखर जाते हैं।

'तुम्हारी गर्लफ्रेंड का क्या हुआ? आजकल उससे मिलते-जुलते नहीं हो? कहाँ रहती है वह?' मैंने विषय बदलने के लिए पूछा, ताकि वह थोड़ा सहज महसूस कर सके।

मैं चाहता था कि वह बोले, एकदम उस अल्हड़ अंदाज में जैसा कि वह पहले किया करता था। लेकिन मेरी कोशिश नाकाम रही। उसने अपने आपको और ज्यादा सिकोड़ लिया और कार के कोने में चला गया। मेरे सवाल ने उसे उसकी त्रासदी की याद फिर से दिला दी थी।

उसने जो कुछ कहा, वह मुझे किसी तीर की तरह आकर चुभ गया। 'उसने मुझे छोड़ दिया···बहुत पहले।'

उसे सुना तो लगा जैसे उस लड़की के साथ रिश्ते को लेकर वह शर्मसार था। ठीक इकारस की तरह, जो अपने आप को सूरज के बराबर और सूरज को अपने जैसा समझकर उसके बेहद करीब चला गया···और इस कोशिश में समंदर में जा गिरा था।

प्रदीप उस हकीकत से इतना दूर जा चुका था कि मुझे लगा कि उसे उसकी खूबियों की याद दिला दूँ। वह हमारे स्कूल में मशहूर और चर्चित भी था। उसकी लुभावनी खूबियों से तमाम स्कूलों के बीच मशहूर वेलहम स्कूल की एक लड़की प्रभावित हो गई थी! उसकी पूर्व-गर्लफ्रेंड हमारे स्कूल में हमारी अक्षमता को समझने के लिए आई थी। वह बहुत अमीर परिवार की

थी, लेकिन उसके लिए सबकुछ छोड़ने को तैयार थी। उस लड़की ने नेत्रहीनों के साथ इतनी हमदर्दी जताई कि वह भूल ही गई कि भगवान् ने उसे दो आँखें दी हैं। भूगोल पढ़ाते समय उसने अपनी आँखों को ढक लिया था और कहा था कि नेत्रहीनों को भूगोल तभी पढ़ाया जाए, जब टीचर अपनी आँखों पर पट्टियाँ बाँध लें, ताकि उनका छात्रों के साथ मौखिक संवाद पूर्णतया हो सके।

मगर अब पागल कर देनेवाली खूबसूरती की मल्लिका उस लड़की का ब्वॉयफ्रेंड (एक्स!) मेरे साथ मैले कपड़ों में बैठा था। आज वह उस लड़की के साथ अपने संबंधों के बारे में सोचने की भी हिम्मत नहीं कर सकता था। कम-से-कम पाँच वाद्य यंत्रों पर उसकी महारत, वह भी बिना किसी शिक्षा के, गणित के किसी भी सवाल को पेन और पेपर के बिना ही हल कर देने की उसकी क्षमता और लड़कियों से बातचीत करने के उसके बेझिझक अंदाज ने उसे हम सबके बीच अजेय चैंपियन बना दिया था। प्रदीप को इस दीन-हीन अवस्था में कुचल दिया जाना, जिसमें उसके पास न नौकरी थी, न प्यार और न ही आत्मविश्वास, उसके नहीं बल्कि मेरे चेहरे पर एक तमाचा था। उसकी मौजूदा दुर्दशा का कारण और भी बौखला देनेवाला था। प्रदीप नेत्रहीन था। उसके कुदरती हुनर और कठिन परिश्रम के बावजूद कोई उसे नौकरी नहीं दे रहा था, जबकि उसने अपने कौशल को और भी तराशा था।

विचारों में खोए-खोए, हम आखिरकार होटल पहुँचे और मैंने उससे अपने कमरे में चलने का आग्रह किया। उसने अपने मौन से जवाब दिया और फिर इनकार कर दिया। मैं समझ गया था कि वह परेशान था और अपने कॅरियर पर ध्यान देना चाहता था, क्योंकि उसकी लव लाइफ तबाह हो चुकी थी।

'अच्छा बताओ दिल्ली में तुम कहाँ रहते हो?'

मेरे सवाल ने उसके दिल में एक बार फिर से हलचल मचा दी।

'मैं सुलतानपुरी में रहता हूँ, यहाँ से काफी दूर है', उसने कहा और चुप हो गया, मानो किसी ने उसे आगे कुछ बोलने से रोक दिया था। उसके चेहरे पर वेदना की दर्दनाक पीड़ा झलक रही थी। उसकी पुस्तकों के गट्ठर

को किनारे रखते हुए, मैंने उससे आग्रह किया कि वह मुझे अपने कमरे तक ले चले।

पहले वह इस बात को लेकर चिंतित दिखा कि कहीं मेरी ओर से पुस्तकों के गट्ठर को घसीटने से कहीं उसका कपड़ा फट तो नहीं गया और फिर उसने मेरे आग्रह पर विचार किया कि मुझे अपने कमरे तक ले जाए या नहीं। उसका नीचे झुका सिर अचानक ऊपर उठा। उस दिन वह मेरे साथ और वक्त नहीं बिताना चाहता था। मैं समझ गया था कि उसे काफी सदमा पहुँचा है। लेकिन मैं उसे ऐसे ही नहीं चले जाने देना चाहता था। वह पुराना दोस्त था और मैं उसकी मदद करना चाहता था।

मैंने उससे वादा किया कि मैं अगली बार उसके घर जरूर आऊँगा और फिर उसे विदा कर दिया। वह जा चुका था।

अंदर-ही-अंदर मैं समझ गया था कि कौन सी बात प्रदीप को छू गई (या शायद, चोट पहुँचा गई) थी। नहीं, ऐसा नहीं था कि जो हमारे पूरे बैच का स्टार था, वह दाने-दाने का मोहताज है, जबकि मैं एक आई.ए.एस. बन गया था बल्कि सच यह था कि जिस लड़की को कभी उसने दिलो-जान से प्यार किया था, वह आज उसके साथ नहीं है। उसने उसका प्यार पाने के लिए न जाने कितनी मुश्किलों का सामना किया था और अपने इरादे पर कायम रहा था, फिर भी नाकामी ही उसके हाथ लगी।

अब वे एक-दूसरे से बहुत दूर जा चुके थे। प्रदीप नेत्रहीन नहीं था, वह गरीब था। वह कई चीजें बहुत अच्छी तरह कर सकता था और कामयाब होने की क्षमता थी, लेकिन कभी उसे अपना हुनर को दिखाने का मौका ही नहीं दिया गया। इस बात ने मुझे सबसे ज्यादा चोट पहुँचाई।

दिन बीता और एक नीरस से डिनर के बाद, अपने मन में खोए प्यार की उदासी लिये सो गया।

अगली सुबह सूरज अपना तेज दिखा रहा था। मैं प्यार के बारे में सबकुछ भूल चुका था और खुशी से लगभग उछल रहा था। यह वाकई बहुत बड़ा दिन था, हम भारतीय संसद् जा रहे थे!

मैं तैयार हो गया, शानदार लंच किया और कहे मुताबिक होटल के रिसेप्शन पर पहुँच गया। हम सभी को एक बस में चढ़ाया गया और हम निकल पड़े।

हम कुछ ही मिनटों में संसद् पहुँच गए और पूरे सम्मान के साथ हमें घुमाया गया। मैं वहाँ बिताए पलों को याद करता हूँ तो आज भी रोमांचित हो जाता हूँ। मुझे यह भी याद है कि उसके बाद क्या हुआ था। टूर के बाद हमें प्रधानमंत्री से मिलवाया गया था। हॉल में एकदम सन्नाटा था और तब मैंने माननीय प्रधानमंत्रीजी से सवाल पूछने के लिए हाथ उठाया था। लेकिन सवाल पूछने की बजाए, मैंने प्रधानमंत्रीजी का इस बात के लिए शुक्रिया अदा किया कि उन्होंने मेरे जैसे नेत्रहीन पर भरोसा जताया और भारतीय प्रशासनिक सेवा का हिस्सा बनने का मौका दिया। हॉल के कोने-कोने से होनेवाली तालियों की गड़गड़ाहट के बीच मैं काँप रहा था और हाँफता हुआ साँस लेने के लिए संघर्ष कर रहा था।

एक-एक दिन कर, हम अनेक विशिष्ट व्यक्तियों से मिलते-जुलते रहे। एक-एककर दोनों सदनों से सांसद बाहर आने लगे। कुछ लेफ्ट के थे, कई दक्षिणपंथी और मध्य के, उनमें से कुछ सेवानिवृत्त नौकरशाह थे, ऊपरी सदन के कुछ सदस्य व्यापारी थे और बाकी सदस्य भारतीय राजनीति में अलग-अलग पृष्ठभूमि से आनेवाले लोग थे।

एक बार सत्र पूरा हो गया तो मैं बिल्डिंग से बाहर आ गया, जबकि मेरे दिमाग में वहाँ देखी गई चीजें और उन लोगों से जुड़ी बातें चल रही थीं, जिनसे मैं मिला था। सीढ़ियों से अपने कुछ दोस्तों के साथ नीचे उतरते हुए, मेरे कानों में कई तरह की आवाजें गूँज रही थीं और मैंने डॉक्टर विजय कुमार के प्रभाव को याद किया। एक तकनीकी विशेषज्ञ, जो भारतीय पुलिस सेवा में आए, फिर आगे चलकर जमशेदपुर से संसद् में लोकसभा के सदस्य बने।

मैं होटल सम्राट् पहुँचा, कपड़े बदले और फिर तुरंत सुलतानपुरी के लिए टैक्सी ली। शायद ही मैं जानता था कि वह दिन ऐसा बन जाएगा, जो किसी भी नौकरशाह के जीवन का निचोड़ होता है। भारतीय संसद् में शक्तिशाली

लोगों के साथ मिलने-जुलने से लेकर एक दोस्त से मिलने स्लम तक जाना, जो मध्य दिल्ली के कुलीन लोगों की चमक-दमक से कोसों दूर था।

सुलतानपुरी के बारे में ज्यादा जानकारी न होने के कारण, मैंने तय किया कि सिविल सेवा की तैयारी के दिनों में अपने साथ संघर्ष कर रहे किसी साथी की सहायता ले ली जाए और वह तुरंत मिल भी गई। मिस्टर नंदन श्रीवास्तव आज भी उस सेवा में शामिल होने के लिए कठिन परिश्रम कर रहा था, जिसमें मैं आ चुका था। मुझे उसे उसके कमरे से साथ लेना पड़ा और फिर हम प्रदीप के घर के लिए निकले। कैब ड्राइवर से बात करते हुए मैंने सड़क से आती आवाजों पर अपना ध्यान लगा रखा था। हम नॉर्थ कैंपस स्थित नंदन के कमरे पर पहुँचे। हमेशा की तरह दरवाजा आधा खुला था, जिसे पुराने टेबल के कोने से रोक रखा गया था, जो क्रिश्चियन कॉलोनी के एक और शहीद से खरीदा गया था, जिसने सिविल सेवा की तैयारी करते हुए अपने जीवन के दस बेशकीमती बरसों की तिलांजलि दी थी।

हद से ज्यादा पुराने मोटरकार के इंजन की तरह किसी कोने में प्रेशर कुकर सीटी बजा रहा था और उसके अंदर पक रहा चिकन शायद उबलने के अंतिम चरण में था। मैंने नंदन को साथ लिया और हम सुलतानपुरी के लिए चल दिए। नीचे वही कैब हमारा इंतजार कर रही थी और वही दोस्त मौजूद था, जिसने मुझे यहाँ तक पहुँचाया था। हम एक-दूसरे से मिले और निकल पड़े।

नंदन में कोई बदलाव नहीं आया था। वह आज भी वैसा ही था, जैसा पाँच साल पहले। नंदन की गहरी आँखें लगातार झपक रही थीं। हम दोनों कड़ी मेहनत करते हुए बिताए दिनों की यादों को साझा कर रहे थे, जिसे अब वह अकेले आगे बढ़ा रहा था।

'हमें असल में जाना कहाँ है? उस जगह का नाम क्या है?' नंदन ने पूछा।

मैंने उसे बता दिया और हमारा बाकी का सफर बातचीत में कट गया। करीब एक घंटे की ड्राइव के बाद, मैं अनियोजित शहरीकरण की गंदी

असफलता को सूँघ रहा था। हम सुलतानपुरी पहुँच गए थे।

क्या अलग ही किस्म की दुनिया थी यहाँ की। इसने मुझे हैप्पी हिल और वहाँ के बचपन की याद दिला दी। यहाँ की दुनिया में हमारी भारतीय संसद् के गलियारों की कोई झलक नहीं थी, जहाँ से मैं अभी-अभी आया था या मसूरी के एकेडमी के शानदार जीवन की परछाईं भी नहीं थी। मेरे पैरों के नीचे की गीली जमीन किसी मोटे कारपेट के जैसी लगी, जबकि हमारे चारों ओर कुत्ते और सूअर घूम रहे थे।

'यह अजीब सी आवाज किस चीज की है? यह कॉलोनी इनसानों की है या जानवरों की?'

अचानक मुझे लगा, जैसे मैं बहुत थक गया था। गंदे तालाब में दस-बीस सूअर खेल रहे थे और ऐसी आवाज निकाल रहे थे, जो अंदर तक हमें झकझोर रही थी। हमने झट से अपनी नजर उस तरफ से हटाई और आगे बढ़ गए और हर खुले गड्ढे को पार करते जा रहे थे।

प्रदीप सैनी अपने एक कमरे के घर में हमारा इंतजार कर रहा था, जहाँ चार और लोग उसके साथ रहते थे। वह लड़का, जो क्लास में हम सबसे कहीं आगे रहता था, उसे गरीबी और असंवेदनशील नीतियों ने इस नारकीय बिल में रहने पर मजबूर कर दिया था। मैं तिलमिला उठा। प्रदीप को दया की जरूरत नहीं थी, बल्कि उसके साथ जो हुआ, उसके प्रति भारी गुस्सा था। उसे सिर्फ इस वजह से उसकी खूबियों के प्रदर्शन का मौका नहीं दिया गया, क्योंकि वह देख नहीं सकता था। मैं समझता हूँ कि जो प्रदीप को इस कारण नाकाम मानते हैं, क्योंकि वह विकलांग है, वास्तव में वे ही नेत्रहीन हैं। वह आज हारा हुआ दिख रहा हो, लेकिन प्रदीप जैसे लोग कभी हार नहीं मानते। आज नहीं तो कल, वे अपनी जन्मजात ताकत को दिखाते हैं और जीत हासिल करते हैं।

मैंने प्रदीप को गले लगाया और उसका परिचय नंदन से कराया। हम दो टेढ़ी-मेढ़ी कुरसियों पर बैठ गए और बातचीत करने लगे।

बाकी की शाम खट्टी-मीठी यादों और बातचीत से भरी थी और हर पल

मुझे यही एहसास हुआ कि इनसानियत के इस बूचड़खाने में हम सभी को एक-दूसरे का साथ देकर जिंदा रहने में मदद करनी चाहिए। इस मदद के बिना हम उस दबाव को नहीं झेल सकेंगे, जब हमारा जीवन बिखर जाता है, जो एक-न-एक दिन बिखरेगा जरूर। हादसे, प्यारे लोगों का चले जाना, वित्तीय संकट, पेशेवर झटके और व्यक्तिगत बदकिस्मती हमेशा हमे परेशान करेगी। कुल मिलाकर कहने का अर्थ है कि हमें एक नई ऊँचाई तक उठना चाहिए।

कभी हार मत मानो।

मैं जब होटल सम्राट् लौटने के लिए टैक्सी में सवार हुआ तो मैं जानता था कि मेरी जिम्मेदारी अब क्या है। मुझे अब सुनिश्चित करना था कि किसी और प्रदीप को प्रतिभावान होने के बावजूद सिर्फ इस वजह से किसी जानवर की तरह न रहना पड़े, क्योंकि दुनिया उसे विकलांग कहती है। हम अपने आप को दुर्गम बाधाओं को भी पार करने के काबिल बनाएँगे।

मेरा जीवन, मेरी कहानी और मेरा संघर्ष है और अभी तो इसकी शुरुआत भर हुई है।

□

उपसंहार

आखिरी विदाई

एक कदम आगे बढ़ाने के लिए हमें उस जगह को छोड़ना पड़ता है, जहाँ हम फिलहाल खड़े हैं। हमारी यादों के किसी अँधेरे कोने में लोग और घटनाएँ धुँधली छाया बनकर रह जाते हैं। समय तेजी से कट गया। नौकरशाही के पाले-पोसे गए हम बेटे और बेटियाँ अपनी ट्रेनिंग पूरी करने के बाद लाल बहादुर शास्त्री नेशनल एकेडमी ऑफ एडमिनिस्ट्रेशन के दरवाजों से बाहर आनेवाले थे। दिल टुकड़े-टुकड़े हो रहा था। कुछ यहाँ गिरा, कुछ वहाँ और भारत का शायद ही कोई कोना अछूता रह गया था।

आई.ए.एस. की ट्रेनिंग आखिरकार समाप्त हो रही थी। एकेडमी में हमारे दिन गिनती के ही बचे थे। मैं अपने कमरे के बाहर बैठा निकट भविष्य के बारे में सोच रहा था। मेरी आँखों में आँसू आ गए, जिनकी वजह मैं बता नहीं सकता।

बीती बातों ने यह तय कर दिया कि एकेडमी में हमारे आखिरी के कुछ दिन बेहद दिलचस्प हों। एकेडमी में लगभग एक साल तक रहने के दौरान कई व्यक्तिगत मंडली बन गई थी। यहाँ से जाने के दिन जैसे-जैसे करीब आने लगे, इस तरह की दोस्ती अधिक जाहिर और खुलकर दिखने लगी। अलग-अलग समूहों के बीच भारी स्पर्धात्मक माहौल अब धीरे-धीरे दम तोड़ता जा रहा था। हम अपने जीवन में एक-दूसरे के महत्त्व को समझने लगे और लगातार साथ जुड़े रहने की चाहत बढ़ने लगी। हम में से कई ने ट्रेनिंग की वास्तविक आखिरी तारीख से पहले ही अपने सामानों को भेजना

शुरू कर दिया था। एकेडमी की पढ़ाई पर ध्यान देने की बजाय प्रोबेशनर अपने शौक को आगे बढ़ा रहे थे। प्रतियोगिता परीक्षाओं में सफलता अर्जित करने के अलावा, प्रशिक्षुओं में कई तरह के हुनर देखने को मिले। लेखन, कला, खेल, फिटनेस और ऐसी कई गतिविधियों को सब आगे बढ़ा रहे थे।

पूरे सत्र के दौरान कड़े शारीरिक परिश्रम ने यह सुनिश्चित किया था कि सब सही आकार में दिखें। लगातार चलनेवाली ट्रेकिंग ने हमें मानसिक और शारीरिक तौर पर मजबूत बना दिया था। प्रशिक्षुओं के बीच आपसी समझ और सहयोग उनके व्यक्तित्व का मजबूत पक्ष बन गए थे। करीब-करीब हर कोई आत्मविश्वास से भरपूर और संवाद कौशल में अच्छा महसूस कर रहा था। हमारे कपड़े पहनने के तरीके, खाना खाने के तरीके, सामाजिक और सार्वजनिक व्यवहार में काफी सुधार हुआ था।

दिलचस्प रूप से यही समय था, जब शादी को लेकर बातें चल रही थीं। सही कैडर के साथी की तलाश चल रही थी। अपना कैडर बदलने का एक अच्छा उपाय यह था कि आप उस कैडर के अधिकारी से शादी करें, जिस कैडर में जाना चाहते हैं!

अचानक आकाश आ पहुँचा। 'साहबजी, साहबजी, साहबजी', उसने कुछ बड़ा माँगने से पहले बड़े गर्व से कहा, 'साहबजी! असम? यह कहाँ है? हम वहाँ कैसे पहुँचेंगे?'

मुझे असंम कैडर दिया गया था और आकाश मेरे साथ चल रहा था। मैंने उसे उस राज्य के बारे में बताया और वह खुश हो गया। फिर मैंने उसे पूछा कि क्या उसने हॉस्टल का कमरा खाली करने की तैयारी शुरू कर दी है। आई.ए.एस. का एक नया बैच जल्दी ही आएगा और अब उन्हें कमान सौंपने का वक्त आ गया था।

'हाँ, हमें एक तय तारीख तक हॉस्टल खाली कर देना है। सारे साहब गंगा ढाबा पर टैक्सी बुक करने में लगे हैं। उनमें से कई अपनी भारी जेब के बावजूद बचत करने के लिए साथ जा रहे हैं। उनमें से कुछ आपके बारे में भी पूछ रहे थे।'

'अच्छा! प्लीज एक टैक्सी कर लो। हमें भी जाना है।' मैंने कहा।

आकाश खुशी से उछल पड़ा। 'मैं बहुत खुश हूँ सर! और असम कितना दिलचस्प लगता है! यह कहाँ है?'

उसके साहस में खलल डालते हुए, मैंने उसे रोकते हुए मजाक में कहा, 'असम ठीक यहाँ है…'

'वहाँ?' उसने आसमान की तरफ उठी मेरी उँगली की दिशा में देखा।

'ठीक वहाँ! चाँद पर। हमें वहाँ जाने के लिए एक रॉकेट रिजर्व करना पड़ेगा। और मुझे लगता है कि अपने गाँव से वहाँ जानेवाले तुम पहले इनसान होगे!'

आकाश बड़ी हसरत से चाँद को देखता रहा और मैं हँस पड़ा।

सबकुछ समझ आते ही आकाश ने मुझे कुछ पेपर दिए। मुझे कुछ सरकारी कारंरवाई पूरी करनी थी।

'साहबजी, हर कोई एडमिन सेक्शन की ओर अपने दस्तखत करने के लिए भाग रहा है। हर कोई यह कह रहा है कि अपने-अपने कैडर में जाने के बाद उन्हें मिलनेवाले वेतन में कितना फर्क आ जाएगा।'

'और क्या-क्या बातें कर रहे थे?'

'इनकम टैक्स रिटर्न, पैसे जो उन्हें एडवांस में मिले, अदा किए जानेवाले बिल और चार्ज और पार्टी!' आकाश ने ऐसे दुहराया जैसे मेरे लिए उसने सबकुछ रट लिया हो।

'तुम उसकी चिंता मत करो, मैं सब देख लूँगा।' मैंने उससे कहा और वह शांत हो गया।

'क्या तुम जाकर निशान लगवा सकते हो कि मुझे कहाँ दस्तखत करना है? किसी भी कॉलम को छोड़ना मत…'

आकाश ने 'हाँ' में सिर हिलाया और चला गया।

जब तक आकाश लौटता, मैं कुछ देर तक यादों में फिर से खो गया।

'सॉरी साहबजी, आपको टोकने के लिए सॉरी, लेकिन आपके कई दोस्त आपके बारे में पूछ रहे थे।'

'क्या पूछ रहे थे?'

'उन्होंने मुझसे पूछा कि आपकी सारी कागजी काररवाई पूरी हुई या नहीं और फिर मुझसे कहा कि मैं आपको अपने साथ लेकर आऊँ। वे आपके साथ बैठना चाहते हैं।'

ऐसा लगा जैसे मैं रो पड़ूँगा। मैं एकेडमी को छोड़ना नहीं चाहता था, लेकिन मैं जानता था कि मैं यहाँ एक खोल में दुबककर नहीं रह सकता था। अपनी भावनाओं को छिपाने का वक्त आ गया था। मैंने एकेडमी में अपनी आखिरी परीक्षा दे दी थी, लेकिन असली परीक्षा अब शुरू हो रही थी, मुझे हकीकत की दुनिया में भेजा जा रहा था और मेरे दमखम का इम्तिहान अब वहीं होनेवाला था। मुझे वह सब कर दिखाना था, जिसे मैंने इस देश के लोगों की सेवा के लिए सीखा था। यह एकेडमी मेरा घोंसला, मेरा बंदरगाह थी, लेकिन चिड़ियों का काम घोंसले में रहना नहीं होता और जहाज हमेशा बंदरगाह पर नहीं रह सकते। अब दुनिया के बर्फीले तूफान और ऊँची लहरों का सामना करने का वक्त आ गया था।

इससे पहले कि मैं कुछ कहता, आकाश जोश में चीखने लगा, 'साहबजी, साहबजी, आप गलत थे, एकदम गलत!'

'हुँह?'

'मैं जानता था कि असम भारत में है! लेकिन आपने जब कहा कि यह चाँद पर है तो मैं उलझन में पड़ गया और मैंने अपने आप से कहा, असम जरूर चाँद पर होगा, क्योंकि साहबजी ने मुझसे कहा है। लेकिन यह बात हजम नहीं हुई और मैंने सबसे पूछा और खुद भी पता लगाया। असम चाँद पर नहीं है। यह भारत में है! जिसे मैं जानता था। वहाँ गंगा के जैसी एक बड़ी नदी है। वहाँ उत्तराखंड के जैसे घने जंगल भी हैं। लेकिन वहाँ रहनेवाले हिंदी नहीं बोलते हैं।

फिर मुझे याद आया कि मैंने आकाश के साथ असम के चाँद पर होने का मजाक किया था। उसने इसे गंभीरता से ले लिया था और सबसे पूछना शुरू कर दिया था।

'किसने तुमसे कहा कि असम चाँद पर नहीं है?'

'वे जो भारतीय विदेश सेवा वाली लंबी मैडम हैं न, उन्होंने मुझे बताया।'

मैंने उसकी नई खोज का स्वागत किया। 'हाँ, वे सही कह रही हैं। लेकिन अगली बार देश के हर राज्य के बारे में जानकारी रखना, ठीक है? तुम्हें इन सारी बातों की जानकारी होनी चाहिए। तुमने ठीक से पढ़ाई नहीं की, इसका मतलब यह नहीं कि तुम मूर्ख बन जाओगे!'

वह शर्म से मुसकराने लगा।

फिर मैंने आकाश से अपनी चीजें व्यवस्थित करने को कहा, लॉन्ड्री से कपड़े लाने, गुम हुए शर्ट और मैचिंग पैंट ढूँढ़ने, अलग-अलग ढाबे के बिल चुकाने, अलग-अलग रूम से कई तरह की चीजें लाने और मेरे मोबाइल को रिचार्ज कराने के साथ ही कागजी कारवाई पूरी करने और हॉस्टल के कमरे को खाली करने का काम सौंप दिया। आकाश एकेडमी में मेरे लिए अहम था, लेकिन अब उससे भी कहीं ज्यादा जब मैं यहाँ से जा रहा था।

अन्य प्रोबेशनरों के मन में भी भावनाओं का ऐसा ही उतार-चढ़ाव उमड़ रहा था। एकेडमी के हर कोने में सुर्खियाँ सुनाई दे रही थीं। मेरा जिला मजिस्ट्रेट बड़ा सख्त है, तुम्हारा डिप्टी कमिश्नर बड़ा खड़ूस है, वह प्रिंसटन से है और वह जे.एन.यू. की है। हम सब ने अपने-अपने बॉस के बारे में जानकारी जुटानी शुरू कर दी, जिनके तहत हमें एक साल की फील्ड ट्रेनिंग पूरी करनी थी। उत्तेजना में, हम में से कई ने एडवांस में अपने बॉस को फोन कर यह साबित किया कि हम कितने गंभीर हैं। कुछ को ऐसी कॉल के दौरान बुरी तरह डाँटा गया, कुछ को कहा गया कि रिलेक्स रहो और चिंता मत करो (कम-से-कम तब तक, जब तक कि आधिकारिक तौर पर ज्वॉइन न कर लें!) और कुछ मामलों में तो यह दाँव उल्टा पड़ गया, क्योंकि अपने राज्य में फील्ड ट्रेनिंग के लिए रिपोर्ट करने से पहले ही उन्हें काम सौंप दिया गया था।

मैं प्रोबेशनरों, नहीं-नहीं, दोस्तों से एकेडमी में आखिरी बार मिला। हम आई.ए.एस. अफसर के तौर पर ज्वॉइन कर बेहद उत्साहित थे, लेकिन हम में से कई लोग यह जानते थे कि एकेडमी में हमने जो समय बिताया और

जितने दोस्त बनाए, उन सभी को बुरी तरह मिस करेंगे। हमने अपने संपर्क की जानकारी की अदला-बदली की, एक-दूसरे से वादा किया कि हम जल्दी ही मिलेंगे और गले मिलकर रोए भी।

एक-एक कर, सब चले गए।

मैं अपने कमरे में लौटा तो अपनी जिंदगी को दो सूटकेसों में पैक पाया। मैंने आकाश को देखा और वह जोश में मेरी तरफ देखकर मुसकराया। मैंने अपने बैग उठाए और इंतजार कर रही कैब की ओर बढ़ गया।

इन सबके दौरान एकेडमी में लोगों को केवल निजी स्तर से मदद कर सका था। मुझे उम्मीद थी कि अपनी पोस्टिंग के साथ ही जब मुझे कानूनी अधिकार मिलेंगे तब उनका इस्तेमाल मैं अपने आसपास के लोगों की बेहतरी के लिए कर सकूँगा। मेरे जीवन में एक नए अध्याय की शुरुआत होनेवाली थी। मुझे उम्मीद थी कि उससे मुझे और ज्यादा सीखने का मौका मिलेगा।

'असम, मैं आ रहा हूँ!'

□□□